AF382194

COMPRENDRE LA LITTÉRATURE

PAUL FÉVAL

La Vampire

Étude de l'œuvre

22 rue Gabrielle Josserand - 93500 Pantin.

ISBN 978-2-7593-0400-4

Dépôt légal : Juin 2023

Impression Books on Demand GmbH
In de Tarpen 42

22848 Norderstedt, Allemagne

SOMMAIRE

BIOGRAPHIE DE
PAUL FÉVAL

Paul Féval est né le 29 septembre 1816 à Rennes dans une famille modeste et nombreuse. Á 16 ans, il entre comme interne au Collège royal et en sort bachelier à 17 ans. Il choisit de s'orienter vers le droit à l'Université de Rennes. Paul Féval est diplômé comme avocat en 1836, à tout juste 20 ans mais cette vocation ne lui convient pas et il décide d'arrêter sa carrière. Il s'installe à Paris un an plus tard et tente sa chance comme commis dans le milieu du commerce et de la finance. En vain, il est congédié. Paul Féval écrit mais ses textes sont rejetés par les éditeurs. Il faut attendre 1841 pour que son premier texte *Le Club des phoques* soit publié dans le journal *La Revue de Paris*. L'époque apprécie particulièrement les romans feuilletons et la carrière littéraire de Féval est lancée. Le plus célèbre roman feuilleton est signé Eugène Sue avec *Les Mystères de Paris*, et inspire Paul Féval. Le breton se voit commander *Les Mystères de Londres*, réécrit d'après Reynolds et publié en 1843. Son personnage principal, Rio Santo, entre dans les bas fonds londoniens où le crime et la misère se côtoient. L'auteur utilise le pseudonyme de Francis Troplopp pour ce roman. Son deuxième roman *Les Amours de Paris* le consacre comme auteur populaire estimé. C'est un succès, la crédibilité de Féval est installée. S'en suivent en 1843, des publications telles que *Le Capitaine Spartacus, Les Chevaliers du firmament* ou encore *Le Loup blanc*. En 1857, il publie son plus célèbre roman de cape et d'épée, *Le Bossu*.

Féval évolue comme auteur dans une période de crise politique et sociale qui va déboucher sur une Révolution Française en 1848. Le peuple se soulève et s'empare de la Capitale afin de mettre fin à la Monarchie de Juillet. L'auteur, dans ce contexte, décide d'orienter ses écrits vers une certaine neutralité et évite d'éveiller la conscience du peuple dans ses fictions. Il épouse la fille de son médecin en 1857. Il aura 8 enfants avec Marie Pénoyée. Il rencontre Dickens en 1863, et deviennent très amis. L'auteur des pauvres et des miséreux est considéré comme l'homologue britannique de Féval. Puis en 1870, la société est en crise et la Commune de Paris bat son plein. Féval se refugie à Rennes pour un moment. C'est vers les années 1876 qu'il se tourne à nouveau vers la foi catholique et tentera dès lors de respecter ses valeurs dans ses écrits, qu'il réécrira en fonction jusqu'à sa mort. Il subit un second échec à l'Académie Française. Habitant à Rennes, il se consacre au thème de la chouannerie et publie un recueil de nouvelles, *Chouans et Bleus*. En 1870, l'auteur commence à subir des crises d'hémiplégie qui le pousse à se rendre chez les Frères Saint Jean de Dieu à Paris. Il y meurt le 8 mars 1887. Paul Féval, de son temps, a connu pour son œuvre une renommée égale à celle de Balzac ou Chateaubriand.

PRÉSENTATION DE LA VAMPIRE

La Vampire est un roman fantastique peu connu de notre époque. Pourtant, il recèle d'informations intéressantes sur le Vieux Paris des années 1800 et ne se limite pas au genre fantastique. Il associe une peinture réaliste de la société parisienne à une critique du pouvoir en place mêlé d'une intrigue fantastique puisant sa source dans une légende slave, celle du Comte Szandor et de la Comtesse Marcian Gregoryi. En effet, Paul Féval met l'accent sur une intrigue politique réelle, celle d'une manipulation visant à faire tomber Bonaparte le Premier Consul. Cependant, il assure le contraire, c'est-à-dire que le contexte politique importe peu dans son récit. A cela, il ajoute des rebondissements riches en action et les péripéties s'enchainent de chapitre en chapitre, respectant ainsi la dynamique du roman-feuilleton.

Le roman est publié vers 1843, dans la foulée des nombreux romans-feuilletons à succès de Féval. Dans le genre fantastique, l'auteur écrit également *Le Chevalier des ténèbres*.

Le thème du vampire s'inspire de la tradition gothique portée par Ann Radcliffe. C'est également Mary Shelley et son personnage de Frankenstein qui ouvrent la voie du roman fantastique et gothique avec le roman anglais éponyme publié en 1818 et devenu un classique du genre. Féval s'inspire de son époque dans laquelle les légendes, les contes et les superstitions occupent les esprits. Fantômes, apparitions et vampires deviennent des personnages romanesques récurrents.

RÉSUMÉ DE L'OEUVRE

L'avant-propos de *La Vampire* justifie la véracité de l'histoire au fond « rigoureusement authentique » et donne ainsi du poids au roman fantastique. Le narrateur présente l'épisode de *La Vampire* comme une « page de la biographie secrète de ce géant qu'on nomme Paris ». Le contexte historique de l'époque est à mettre de côté au profit du récit « bourgeois » à propos « d'un adorable et impur démon qui ressuscita un instant ».

Chapitre 1 : La pêche miraculeuse

Le XIXe siècle est une époque de légendes et d'attrait pour la peur et le fantastique. L'auteur ancre son roman dans un contexte propice et avide de fantastique. Il cite Walter Scott et Ann Radcliffe, des pointures en la matière. « Paris a toujours adoré d'ailleurs les contes à dormir debout, qui lui procurent la délicieuse sensation de la chair de poule. » « C'était la mode » déclare le narrateur.

L'histoire se situe à l'hiver 1804 aux alentours de l'Ile Saint Louis. « Une lugubre rumeur » circule dans Paris, celle d'une pêche miraculeuse qui attire deux types de pêcheurs. Il y a les vrais pêcheurs et les pêcheurs « d'aventures », des poètes, des artistes déchus qui cherchent la gloire et la richesse avec une certaine naïveté. Dans un cabaret, deux tableaux jumeaux dépeignent Ezéchiel cherchant de l'or et rencontrant un monstre marin dont il extraie « une bague chevalière ». Cette aventure est acceptée comme vraie par le tout Paris. Les badauds affluent dans le cabaret, impressionnés par les histoires de poissons d'Ezéchiel. Mais un autre mot fascine la foule. « C'était la VAMPIRE. » Le narrateur se souvient de la première occurrence littéraire du vampirisme à sa connaissance. Une gravure représentant une femme subissant « le magnétisme fatal » d'un autre homme. Il les appelle Faust et

Marguerite en hommage à Goethe.

Chapitre 2 : Saint-Louis-En-L'Ile

A cette époque, Paris a peur car les victimes de la vampire augmentent. Ce sont pour la plupart des « étrangers et provinciaux ». La Police, quant à elle, a « autre chose à faire » et se démène avec des problèmes internes. On suit maintenant un homme, notable patron des maçons du Marché Neuf. Il suit une « fillette voilée » qui elle-même suit un jeune homme. La poursuite s'arrête devant l'église de la rue Saint-Louis-en-l'Ile. Une belle femme blonde sort de l'église aux bras d'un homme que le patron reconnait comme Ramsberg. Il déclare également, incrédule, que la femme a le même regard que la femme brune avec lequel il vit. Il parcourt l'église et rencontre Patou qui l'appelle Monsieur le gardien. Le petit Patou raconte - à celui qu'il appelle aussi M. Jean-Pierre - avoir vu Mlle Angèle et M. René.

Chapitre 3 : Germain Patou

Le gardien interroge Germain sur ce qu'il a vu dans l'église. On apprend que Germain a été recueilli par le gardien et lui doit beaucoup. Le petit est apprenti médecin. Germain explique la situation mais ne la décrypte pas. En effet, il a vu l'abbé Martel parler avec le « gros marchand de chevaux », puis, l'abbé lui parle d'une femme « ange », une « sainte » qui franchit la sacristie peu après le départ du marchand la sacristie. Cet « ange blond » affirme à l'abbé que « la mort a moissonné autour [d'elle] », qu'«une fatalité pèse sur [elle] ». Ensuite, c'est un certain Ramberg qui entre dans l'église et s'entretient avec l'abbé et l'ange blond. Arrive M. René de Kervoz et Angèle. Le gardien répète qu'il a peur. Il ne comprend pas la situation mais sent « quelque chose de menaçant et de sanglant ». Un de ses amis d'Allemagne a déjà disparu, Ramberg pourrait être le prochain. Ils sont dérangés par des cris. Les pêcheurs de miracles assistent à une farce. Un de leur camarade, Colinet, pêche un gros Pierrot fait de paille.

Chapitre 4 : le cœur d'or

Le gardien part pour le cabaret d'Ezéchiel. « La ruse en lui se cachait sous une épaisse couche d'innocence. » « L'aspect de cette caverne [est] repoussant et obscène. » Le narrateur compare la décadence française à celle anglaise : « A Paris, l'horreur est une mode excentrique ; à Londres, c'est un fruit du terroir. » Le patron interroge Ezéchiel qui, pris de terreur, semble avoir beaucoup de secret. Le patron est « l'homme qui va et vient, la nuit, sur la rivière ». Les deux hommes se sont rencontrés « la nuit où [le cabaretier devint] riche ». Le mystère perdure quand le cabaretier ajoute : « Il y avait aussi une morte dans votre bateau ! » Le patron part dans le cellier et se fait attaquer par la bande d'acolytes d'Ezéchiel. Mais le patron les maîtrise tous avec habileté et grande facilité. Une grande femme La Meslin court venger son homme et « pendant une longue minute, ce fut à l'intérieur du bouge un indescriptible tohu-bohu : des cris, des chocs, des blasphèmes, des chutes, des grincements de dents et un coup de pistolet ». Soudain, on découvre que le patron est Jean-Pierre Séverin dit Gâteloup, « une célébrité du quartier » respecté de tous. Le cabaretier lui avoue travailler pour une femme et déjouer les « scélérats qui veulent tuer le premier consul ». Ultime rebondissement : des pêcheurs débarquent dans le cabaret, portant sur un brancard « une pauvre belle enfant, évanouie ou morte ». C'est Angèle !

Chapitre 5 : La borne

Le narrateur revient sur la rencontre d'Angèle, de René de Mermoz et d'un « vieux bourgeois » connu de ceux qui ont lu les épisodes précédents. On se focalise à présent sur la jeune Angèle « pour tous la fiancée de René de Kervoz ». Son fiancé aime une autre femme avec une passion dévorante, il entre dans une maison et rejoint la femme de l'église Saint-Louis. Angèle en tombe inanimée, des « fainéants » la portent chez le cabaretier. Le patron ordonne de la déplacer. Ezéchiel, seul à présent, révèle que « tout cela est pour détourner les chiens et cacher le trou de la vampire ». Il rencontre La Paraxin qui est au service de la comtesse et lui dit que le fils de Cadoudal est « en train de se brûler à la chandelle ».

Chapitre 6 : La maison isolée

On découvre que la femme qui a séduit René n'est pas la femme mystérieuse de l'église Saint-Louis mais une brune du nom de Lila. René l'aime avec « une irrésistible fascination », véritablement en proie à une attraction qui le fait agir malgré sa morale, son bon sens et sa loyauté envers Angèle qu'il aime profondément (« Que viens-je faire ici ? »). On apprend également que René est le neveu de Cadoudal mais qu'il ne suit pas les « voies dangereuses » comme son oncle.

Chapitre 7 : L'affût

Le lecteur continue de découvrir l'histoire des chapitres précédents à travers le personnage de René. Devant la maison, scrutant avec fascination, il reçoit un coup qui le fait vaciller. « Des figures inconnues [dansent] au-devant de son regard ébloui. » La scène est irréelle, fantastique.

Chapitre 8 : Le narcotique

René est pris au piège dans cette maison et ne comprend pas bien ce qui se joue. Il entend prononcer le nom de son oncle, Georges Cadoudal. Il comprend que le comte Wenzel « vient de repartir pour l'Allemagne », phrase ironique qui déclare sa mort. Un italien, un nègre, une servante hongroise, des gens divers et variés sont dans cette pièce. Il est question de vengeance et de cause commune. René se retrouve finalement sauvé par l'inconnue de Saint-Germain-l'Auxerrois.

Chapitre 9 : Entre deux amours

Le sort continue son chemin. René fait appel à Germain Patou pour le guérir de sa blessure à la tête. Le petit apprenti docteur lui apprend que le pansement se révèle porter la même devise latine que le comte de Szandor, vampire dévastateur enterré en 1646. La devise est « In vita morte, in morte vita ! » qui signifie « dans la vie la mort, dans la mort la vie ! ». La belle comtesse donne rendez-vous à René « au calvaire Saint-Roch » et il lui déclare son amour unique : « Oh ! dit-il, je n'aime que vous. » Elle quitte le lieu, il rentre « ivre et fou », « dans un état d'excitation nerveuse ». Il tente de purifier un peu son âme en rendant visite à Angèle mais rien n'y fait, « l'obsession [continue] ». René distingue de plus en plus les événements des 12 et 13 février. Il pressent que le comte Wensel est mort et que la trappe où il a été déposé a servi plus d'une fois.

Chapitre 10 : Tête-à-tête

Nous revenons au récit achevé au chapitre 4. René est en

compagnie de Lila et cherche à comprendre son état « d'angoisse et de fièvre ». Au fil d'un dialogue énigmatique, Lila explique que « les Frères de la Vertu » la commandent, qu'ils cherchent « tout d'un autre » c'est-à-dire à nuire à Georges Cadoudal, l'oncle de René. Elle ajoute « le salut de votre oncle est entre les mains d'un homme/ Cet homme s'appelle René de Kervoz ». Lila déclare qu'elle devait piéger René mais qu'elle est finalement tombée amoureuse de lui éperdument comme « le pauvre démon de Cazote ». Lila se met à éclaircir les personnages aperçus par René dans son semi sommeil. Elle résume : « Nous avons tout : le passé en colère, le présent jaloux, l'avenir épouvanté. » Ensuite, elle raconte son histoire. Sa mère « périt victime de la vampire d'Uszel », « la belle aux cheveux changeants », s'en suit une longue description de celle qu'on appelle Addhéma dont le pouvoir est « de renaître belle et jeune comme l'Amour chaque fois qu'elle pouvait appliquer sur la hideuse nudité de son crâne une chevelure vivante ». Lila et sa sœur viennent « d'une étrange famille » dont un des aïeux est le ban de Szandor, cité précédemment par Patou comme un vampire connu.

Chapitre 11 : Le comte Marcian Gregoryi

Le don d'Addhéma contient une condition : elle doit raconter son histoire avant de « se livrer à un amant ». Une fois, l'amour lui fait oublier cette condition et elle meurt sous le poignard du père de Lila dans le cœur. La sœur de Lila est promise au général Marcian Gregoryi mais elle refuse de se donner à lui et part retrouver « un homme qui jamais n'a reculé ». Cet homme est Napoléon Bonaparte. Le comte Gregoryi le trouve et le menace mais la sœur de Lila tue son mari de son pistolet. Bonaparte est ébloui par la beauté de la comtesse Gregoryi mais la fait tout de même reconduire « aux avant-postes autrichiens ».

Chapitre 12 : La chambre sans fenêtre

La comtesse veut absolument se venger de Bonaparte. Quand le père des sœurs décède, la comtesse veuve garde le terrain où est situé « le tombeau de la vampire d'Uszel ». A plusieurs reprises, elle tente de tuer Bonaparte mais en vain. Lila explique qu'elle n'aime pas sa sœur mais « reste sacrée » pour elle. Elle souhaite rencontrer Georges Cadoudal mais René est sceptique. Il admire Lila et son « rayonnement surnaturel ». Elle lui fait boire un nectar de son pays et il lui dévoile « le secret de la retraite » de Cadoudal. Il tombe dans un sommeil étrange dans lequel il voit Lila se transformer en cadavre à la « chair rongée ». S'en suit une description de la vision surnaturelle et morbide de René. Il demeure paralysé dans le lit et se réveille à onze heures du matin avec « la tête lourde et toutes les articulations endolories ». Le vin de Tokai était empoisonné. La chambre ne possède aucune fenêtre, la porte demeure fermée, sans issue. « L'idée de captivité » s'éveille en lui. Soudain, il comprend que Lila est la vampire et qu'elle vient de raconter toute son histoire à son amant. « C'est la loi ! Elle a obéi à la loi de son infernale existence en me racontant sa propre histoire ! »

Chapitre 13 : Le secrétaire général

Le secrétaire général et l'inspecteur reçoivent un homme qui aurait des révélations. Après maints échanges entre Monsieur Berthellemot et l'étranger, le coup de théâtre se produit : « Deux hommes de mauvaises mines » apparaissent et reconnaissent Jean-Pierre Séverin.

Chapitre 14 : La leçon d'armes du citoyen Bonaparte

Gâteloup explique qu'il a rencontré le premier consul, Bonaparte, alors jeune Capitaine de vingt-cinq ans car il nécessite un entraînement d'escrime. Il ne paye pas sur le champ Jean-Pierre Séverin, sa bourse ayant disparu. Gâteloup finit en déclarant : « J'étais républicain avant le général Bonaparte ; je suis républicain, maintenant que le premier consul ne l'est plus guère ; je resterai républicain quand l'empereur ne le sera plus du tout. »

Chapitre 15 : La rue de la lanterne

Depuis que Séverin a révélé connaître Bonaparte, Berthellemot se conduit avec mièvrerie, insistant sur sa bonne disposition envers l'ancien professeur d'escrime du général. Il se perd en anecdote. Jean-Pierre affirme qu'il croit au vampire et même qu'il en a eu. Puis, il dépose deux plaintes : une en son nom et l'autre au nom de « Morinière, marchand de chevaux ». Les plaintes causées par la vampire s'élèvent au nombre de douze à présent. Berthellemot est un personnage haut en couleur qui ne cesse de divaguer et d'interrompre Jean-Pierre qui pourtant est en train de révéler une situation insolite. Il raconte la rencontre entre Angèle et De Kervoz.

Chapitre 16 : Les trois allemands

Un jour, il surprend les « deux nobles créatures » en train de se marier dans la chambre de la jeune fille. Il accepte ce mariage provisoire devant le crucifix. Angèle met au monde un enfant. Mais un jour, les deux amoureux changent du tout au tout. René et Angèle ont finalement disparu. Jean-Pierre évoque les trois Allemands : le comte de Wenzel, le baron de Ramberg et Franz Koëning, élèves de la salle d'escrime sans

« mauvais dessein ». Les deux premiers sont introuvables et devaient se marier à la comtesse Marcian Gregoryi ! Il raconte ensuite l'épisode de l'église Saint-Louis où il a vu Ramberg. Enfin il demande du renfort pour sauver Franz Koëning, bientôt mort lui aussi si personne n'arrête la vampire.

Chapitre 17 : Une nuit sur la Seine

Jean-Séverin raconte la deuxième fois qu'il a vu la comtesse Gregoryi. Il explique que la pêche miraculeuse n'est qu'un prétexte pour détourner l'attention des vrais faits surnaturels qui secouent Paris. Une nuit qu'il ramait sous le pont de Saint Cloud pour récupérer quelque « triste dépouille » pour sa Morgue, Gâteloup repère un corps qui n'obéit pourtant pas au courant mais trace sa propre route. Ce corps rencontre une fille désespérée au bord de l'eau. « Une main morte se plongea dans l'abondante chevelure de la jeune fille, tandis que l'autre main décrivait autour de son front et de ses tempes un cercle rapide. » Après cette vision surnaturelle et oppressante, il croise la comtesse cette fois « coiffée de cheveux blonds ». Ceux-là même qui rendait Angèle unique et ravissante… Bonaparte ordonne – suite à sa demande par lettre - de « mettre à la disposition du sieur Séverin les agents qu'il demandera ». Le préfet appelle Berthellemot dans son bureau accompagné d'une « jeune femme radieuse de beauté et coiffée d'éblouissants cheveux blonds ». Il annonce dans un énième coup de théâtre que la préfecture « est à la disposition de Mme la comtesse Marcian Gregoryi que voici ».

Chapitre 18 : La comtesse Marcian Gregoryi

Impossible pour Berthellemot de révéler au préfet que cette belle femme à ses côtés est « la goule, l'oupire, la vampire ». Cette dernière annonce qu'il faut arrêter Gâteloup « le plus dangereux ennemi du premier consul » sur ordre de Bonaparte. Le préfet demande à voir le précédent ordre du premier Consul mais le papier est introuvable. Il menace donc le secrétaire général de ramener Gâteloup sinon sa carrière s'achèvera ici, prétextant que la lettre du Consul accordant l'aide à Gâteloup est un faux. La comtesse raconte son histoire au préfet, faisant croire qu'elle travaille à la sécurité du premier Consul. La vampire est selon elle « la société secrète qui s'intitule elle-même la ligue de la Vertu », « la vampire véritable, la ligue des assassins, a inventé l'autre vampire, la fausse, le monstre fantastique et impossible qui fait peur aux grands enfants de Paris ». Elle demande que la ligue soit exterminée, Georges Cadoudal capturé à la sortie de sa cachette et elle-même protégée et conduite à la fuite.

Chapitre 19 : Dernière nuit

Germain Patou pénètre dans la maison où la comtesse tient prisonnière René de Kervoz. Il est toujours enfermé et drogué par du vin « qui donne des rêves ». La vengeance se rapproche. Lila a été écartée et mise à l'abri par sa sœur la comtesse. La comtesse Marcian Gregoryi se rend chez le marchand de chevaux Morinière et se fait d'abord passer pour Angèle, dont elle porte la chevelure. Puis une fois que l'homme comprend à sa vue son mensonge, la comtesse se dit : « Costanza Ceracchi, la belle-sœur du statuaire Giuseppe, mort sur l'échafaud. » Ce Ceracchi est mort car il a tenté de tuer d'un coup de poignard Bonaparte. Cadoudal est donc de son camp. Cadoudal est déguisé en Morinière mais la comtesse le reconnaît aisément. Elle prétend aimer René de Kervoz et vouloir le sauver d'un grand péril.

Elle détient sa médaille « de Sainte-Anne d'Auray » pour preuve et assure que « celle qu'il a trahie s'est vengée de lui ». Cadoudal assure à son tour : « Donnez-moi seulement le moyen d'aller chercher le Corse au milieu de sa garde consulaire, et, par sainte Anne d'Auray, je vous jure qu'il ne sera jamais empereur ! »

Chapitre 20 : Maison vide

Le succès de la pêche miraculeuse est terni. « Les gens de l'hameçon et de la gaule en étaient venus à se moquer du miracle ! » Gâteloup, accompagné de quatre agents, frappe au cabaret d'Ezéchiel, sans réponse. Jean-Pierre ordonne de forcer la porte et le quatrième agent dévoile sa véritable identité : c'est justement Ezéchiel, proche de la police. Il a bien raconté la situation, les corps, le caveau, la vampire mais la police ne l'a pas cru. Les hommes cherchent mais ne trouvent pas la cachette où se trouve René de Kervoz et les autres pièces de la maison. Jean-Pierre Séverin est déterminé : « Descendons aux caves. Je démolirai la maison s'il le faut, mais je trouverai le fiancé de ma fille mort ou vif. » Soudain, Germain Patou déboule, expliquant qu'il « a trouvé la tanière […] mais la louve s'est enfuie ». Il annonce à Gâteloup que Franz Köening a été assassiné ce soir même. Germain a trouvé une « demi-douzaine » de papiers enroulés sur des cailloux « sur le rebord de la croisée », ils sont écrits de la main d'Angèle. Un des papiers est même « tracé avec du sang ». Jean-Pierre Séverin et Germain s'isolent pour en lire le contenu. Angèle décrit sa souffrance et tente de communiquer avec René à travers ses papiers qu'elle lance à sa fenêtre mais en vain, René ne répond jamais. Le dernier papier contient le paroxysme de la souffrance et du désespoir d'Angèle qui dit avoir « vu [son] père et [sa] mère pour la dernière fois ». Elle ajoute : « Mes pensées ne sont plus bien claires dans ma tête, je souffre trop » et veut se tuer en emmenant sa petite Angèle. Patou ajoute qu'il a récemment lu « le plus étonnant de tous les livres […] *La Légende de la goule Addhéma et du vampire de Szandor*, imprimé à Bade en 1736 ». Gâteloup comprend que c'est bien Angèle qu'il a vue au bord de l'eau, tentée par le « démon du suicide » et arrachée à la vie par la vampire. Soudain les deux hommes entendent une porte grincer. Gâteloup comprend que René de Kervoz est de l'autre côté et qu'« il faut percer cette muraille ».

Chapitre 21 : Similia similibus curantur

Jean-Pierre Séverin est « un homme sage et fort », qui a « repoussé l'impiété », « ce n'était pas un superstitieux. Il était né à Paris, la ville qui se vante d'avoir tué la superstition ». Il s'élance contre le mur et trouve René de Kervoz profondément endormi sous le coup de l' « opium turc […] haschisch de Belgrade ». Soudain, énième rebondissement, le secrétaire général Berthellemot déboule avec une armée afin de vérifier la fausseté du document soi-disant signé par le premier Consul. Hélas, il est forcé d'accepter la véracité du document et de s'en remettre à Gâteloup. Ce dernier lui ordonne de fouiller de fond en comble le n°7 chaussée des Minimes sans oublier la serre et la trappe. Pendant ce temps, Gâteloup et Germain, l'apprenti docteur, tentent de réanimer René. Germain utilise une nouvelle méthode surprenante, celle du « CECI est guéri par CECI », sorte de formule qui ressemble au populaire « le mal par le mal » et dictée par le savant moderne Samuel Hanneman. Germain administre donc de l'opium à René et celui-ci finit par se réveiller, exhalant immédiatement un « Angèle ! ».

Chapitre 22 : Le réveil

René de Kervoz se réveille enfin et se remémore peu à peu avec douleur les événements de ces trois derniers jours. « C'est ici l'antre du cadavre animé... du monstre qui vit dans la mort et qui meurt dans la vie ! » Germain précise qu'il ne croira Angèle morte que s'il le constate de ses propres yeux, laissant un infime espoir au lecteur. Mais René explique qu'il a touché les cheveux de sa belle désormais sur la vampire. Les hommes partent à la recherche de la comtesse Marcian Gregoryi.

Chapitre 23 : La rue Saint-Hyacinthe-Saint-Michel

Cadoudal est caché dans une « tanière de renard » possédant neuf issues et « célèbre en ce temps ». Morinière, en réalité Cadoudal, sort bras-dessus bras-dessous avec la comtesse Marcian Gregoryi, prêt à « forcer le futur empereur des Français à croiser l'épée avec un simple paysan du Morbihan.... ». Il doit rentrer chez les frères de la Vertu pour se confronter à Bonaparte. La comtesse fait mine de le soutenir et de l'admirer mais dès qu'il la quitte, sa « physionomie chang[e], exprimant un dur et froid sarcasme ». Cadoudal part dans son cabriolet et traverse les rues incognito. Une femme « adorablement belle » apparait souriante à une fenêtre. « C'était un signal ». Cette femme est évidemment la Comtesse Gregoryi. Elle se croit libre et victorieuse mais soudain, elle découvre René de Kervoz derrière elle. Elle pousse « un cri d'épouvante et de détresse » et il déclare : « Je viens trop tard pour sauver / je suis à temps pour venger » et lui tire une balle de pistolet à la tempe. « La comtesse Marcian Gregoryi tomba et demeura immobile comme une belle statue couchée. » La plaie ne montre pas de sang.

Chapitre 24 : L'embarras de voitures

Pendant ce temps, Morinière alias Cadoudal tente de se frayer un passage parmi la foule et les voitures. Au dehors, on entend : « Au chouan, au chouan ! Arrêtez Georges Cadoudal ! ». « Les spectateurs étaient là comme à la comédie. Paris s'amuse de tout, et sur cent badauds, il n'y en avait pas dix pour croire en la présence de Georges Cadoudal. » Gâteloup arrive et se range du côté de Cadoudal, le cœur brodé au veston. Mais Cadoudal lui demande de s'écarter, déclamant son ambition : « Je viens combattre celui qui veut se faire empereur ! » Cependant, « Paris entier était amoureux du premier Consul » et le capture dans le sang et la violence du peuple. La police tente de tirer la couverture à son avantage et rapporte les faits au premier Consul.

Chapitre 25 : Maison neuve

Les rumeurs concernant la vampire continuent de battre leur plein malgré les faits concrets précédents. Tout Paris parle des procédés de la vampire pour arriver à ses fins, « pour un pays d'où l'on ne revient pas ». On la dit morte, assassinée chez Cadoudal par un jeune homme « en vie par miracle, puisqu'elle avait bu tout son sang ». Le paroxysme de l'horreur est atteint lorsqu'on découvre dans une maison rue des Minimes, « un lieu délicieux où restaient des traces de plaisir et d'orgies, un trou méphitique où de véritables monceaux de corps humains se consumaient, rongés par la chaux vive ». Puis, c'est en direction de la maison en construction, au beau milieu de la Cité, qu'est le terrain d'horreurs. La comtesse a demandé à la police de cerner cet endroit, tendant ainsi un piège à ses anciens hommes. Ces derniers, trahis, décident de combattre et il en résulte vingt sept cadavres. Le peuple se rassasie de cette vue morbide. Pendant ce temps, René appelle Angèle dans son délire fiévreux. Germain Patou vend tous ses biens pour acheter à Ezéchiel le corps de la vampire.

Chapitre 26 : Addhéma

Germain Patou est fasciné par le corps de la comtesse. « Il y avait un grand trouble en lui » au point qu'il se demande s'il l'aime. A cette question, une voix répond : « Tu m'aimes ! » Il comprend que la matière se sépare de l'esprit car le cœur de la belle vampire ne bat plus. La voix s'amplifie et lui demande la paix : « Tue-moi, tue-moi, je t'en supplie, au nom du Père, du Fils et du Saint-Esprit ! Ma souffrance la plus terrible est de vivre dans cette mort et de mourir dans cette vie… Tue-moi ! ». « La statue » embrasse Germain, qui tombe alors inanimé. Le lendemain, à son réveil, le corps a disparu. Addhéma est partie retrouver le comte Szandor. Après une nuit d'orgie, il doit abréger les souffrances de la vampire. Sur le point de se donner la mort, la vampire transperce en premier lieu la poitrine de son bien-aimé puis se tue à son tour. Les deux vampires ne sont plus. « Ce matin-là, il y eut un orage comme jamais la terre de Hongrie n'en avait vu. »

LES RAISONS
DU SUCCÈS

Le roman-feuilleton prend part dans le journalisme à partir de 1836. A la base, le « feuilleton » désigne la partie inférieure d'une page du journal. Cette partie devient réservée à la publication des extraits littéraires. Le premier feuilletoniste – même ponctuel– est Balzac avec son roman *La Vieille fille* en 1836. Il s'agit de publier des extraits comme avant-goût du roman. Puis le roman-feuilleton devient un genre à part entière avec ses propres techniques et caractéristiques attendues des lecteurs. La littérature de Paul Féval s'inscrit dans la popularité triomphante du roman-feuilleton. Eugène Sue est le héraut le plus charismatique avec *Les Mystères de Paris*, « saga » paru de juin 1842 à octobre 1843 dans *Le Journal des débats*. Paul Féval s'inspire de Sue dans sa manière de dépeindre une société et son peuple avec une plume réaliste et révélatrice. *Le Comte de Monte-Cristo*, paru en 1844 et 1845, captive également les foules. Le thème traditionnel de la vengeance, celle d'Edmond Dantès face à l'injustice qu'il subit, devient un véritable classique. D'autant qu'Alexandre Dumas s'inspire d'une histoire vraie. L'auteur est dès lors consacré comme un maître du genre avec son roman historique *Les Trois mousquetaires* publié en 1844.

Le roman-feuilleton traduit un besoin des lecteurs. L'essor de la presse et l'avancée de l'alphabétisation du peuple créent un nouveau public avide d'informations et de fictions. Les chemins de fer et le progrès de la mécanique permettent une production et une diffusion du livre accélérées, optimales. La loi Ferry instaure l'école laïque et obligatoire en 1882, les cabinets de lecture se multiplient aussi. Tous les éléments sont présents pour attirer le peuple à la lecture. En effet, les lecteurs apprécient le roman-feuilleton car ils parlent d'eux le plus souvent. En effet, Eugène Sue par exemple défend le peuple en dressant un tableau de Paris et sa pauvreté, sa misère, ses habitants en proie aux injustices et aux difficultés sociales. C'est pourquoi on appelle également le roman-feuilleton, le roman populaire. Le lecteur est également accroché par les extraits qui paraissent dans la presse. Le roman-feuilleton est construit de manière particulière, il est écrit pour tenir en haleine le lecteur, lui faire attendre la suite avec impatience. Il donnera naissance bien après au roman de gare, petit livre vite lu et apprécié le temps d'un voyage. Le roman-feuilleton utilise des procédés de péripéties, rebondissements et autres coups de théâtre qui séduisent tous les publics. Il est souvent question de lutte entre le Bien et le Mal. La vengeance, la justice, la tromperie sont des thèmes forts. En cela, *La Vampire* représente le roman-feuilleton dans toutes ses caractéristiques. Au cœur de Paris, le lecteur découvre une conspiration politique autour de Bonaparte. C'est la première intrigue à laquelle vient se tisser une manipulation amoureuse et maléfique, celle de la Comtesse Marcian Gregoryi. Et Paris fait naître la rumeur d'une pêche miraculeuse et d'une vampire qui sévit et tue. Au fil des chapitres, le lecteur comprend les fils qui tissent la toile de l'intrigue et qui relie tous les personnages autour de la créature envoutante.

La grande particularité de ce roman-feuilleton est de mêler l'historique, le fantastique et ce qu'on appellera plus tard le « policier ». En effet, *La Vampire* construit une enquête fantastique qui a dû influencer les auteurs modernes avides de mélange de genres (Ann Rice pour ne citer qu'elle). Les romans que l'on appelle aujourd'hui roman policier, roman noir ou encore héroic fantasy se sont inspirés à l'origine de ce genre de roman populaire qui recherche le « suspense » du lecteur. *La Vampire* apparaît comme un roman hybride, construit avec précision et profondément ancré dans son époque.

LES THÈMES
PRINCIPAUX

Un des thèmes principaux est la ville de Paris. « Ce géant qu'on appelle Paris » est d'emblée évoqué comme une personne du roman à part entière. « Paris a toujours adoré d'ailleurs les contes à dormir debout, qui lui procurent la délicieuse sensation de la chair de poule. » *La Vampire* est en effet un roman profondément ancré dans la ville et qui évoque la mentalité et la vie quotidienne de ses habitants. La rumeur et la fascination sont évoquées à multiples reprises. « Quelquefois Paris se dérange ainsi pour rien. On voit souvent des foules obscènes, qui courent au spectacle de la guillotine, revenir la tête basse, parce que la représentation n'a pas eu lieu. » Au début du roman, le narrateur raconte : « On courait après la peur, on recherchait le ténébreux. » « C'était à la mode. » C'est ainsi que la peur et le fantastique excitent la curiosité des parisiens, pauvres comme bourgeois, quand la rumeur d'une pêche miraculeuse entre dans Paris. « A Paris, l'horreur est une mode excentrique ; à Londres, c'est un fruit du terroir. » (Chapitre 4)

Le thème du vampirisme est bien entendu central dans le roman de Paul Féval. Dès le premier chapitre, le narrateur met en avant l'importance de la peur : « Ce mot, sincèrement appétissant pour les esprits inquiets, curieux, avides, pour les femmes, pour les jeunes gens, pour tous les curieux de terreur et d'horreur, c'était LA VAMPIRE. » Féval prépare ainsi son annonce afin de tenir en haleine les badauds, les lecteurs. D'un côté, il y a l'importance des effets que provoque la vampire. La Comtesse Marcian Gregoryi possède tous les apparats qui caractérisent la créature vampirique envoutante et manipulatrice. Elle est aussi indissociable de la figure de la femme charnelle, dotée d'une beauté insolite, irréelle. Lila est « belle comme dans ces rêves du paradis oriental dont la vapeur d'opium ouvre les portes. Autour d'elle s'épandait un rayonnement surnaturel ». Sa proie devient impuissante et vulnérable, attirée comme un aimant. Ainsi, René contemple Lila « avec une sorte d'extase », l'aime en sachant très bien qu'elle représente « le caprice extravagant, la fièvre, le tourment, la chute… ». René sait que cet amour signifie la perdition de son âme. La vampire possède une force surhumaine qui contrôle les sentiments de l'homme, cette force se compare à une ivresse, René se dit « ivre fou », chancelant à plusieurs reprises et mû par une « irrésistible fascination ». Il s'abandonne contre son gré. Puis, le deuxième élément déterminant le vampirisme est l'importance de la légende, du mythe. Tout au long du roman, on trouve ainsi l'histoire du comte de Szandor étrange dont la devise est « In vita morte, in morte vita ! » qui signifie « dans la vie la mort, dans la mort la vie ». Germain Patou, l'apprenti docteur, « aime les vampires », s'informe beaucoup à ce sujet et fait figure de conteur : « Ce vampire était comte, comme le prouve l'inscription du tombeau ; il avait été enterré en 1646… […] le comte de Szandor avait la même devise latine que […] la citoyenne comtesse qui vous a prêté son mouchoir. » S'en suit l'explication de Lila et l'histoire incroyable d'Addhéma qui vole et arbore les chevelures des jeunes filles qu'elle tue pour survivre. « Le don d'Addhéma, ainsi se nommait la Bulgare, était de renaître belle et jeune comme l'Amour chaque fois qu'elle pouvait appliquer sur la hideuse nudité de son crâne une chevelure vivante : j'entends une chevelure arrachée à la tête d'un vivant. » Le thème de la vanité est omniprésent à travers la recherche meurtrière de l'immortalité du vampire. Féval fait référence à un des premiers écrits fantastiques français : *Le Diable amoureux* de Cazotte. Lila se compare à l'être maléfique qui tombe pourtant amoureux.

La manipulation politique est une toile de fond au roman. Il est intéressant de noter que si l'histoire tourne autour d'une lutte historique entre Cadoudal et Bonaparte, le narrateur du roman explique d'emblée que les « événements politiques, intérieurs, qui tourmentèrent cette période » sont à exclure de l'intrigue. Pourtant il s'agit bien d'une histoire « dont le fond, [est] rigoureusement authentique ». Féval semble brouiller les pistes mais il est vrai, cherche à attirer l'attention sur le caractère fantastique du récit. Dans *La Vampire*, il se distille une critique évidente de la police. Les employés de gendarmerie sont les derniers au courant, n'ont que peu de flair ou se font carrément berner par les conspirateurs. Féval attire ainsi la faveur du public, souvent en désaccord avec l'autorité et leurs représentants. Au chapitre 2, la police est décrite comme « affolée », « le citoyen Dubois passait au milieu de ces événements […] comme l'éternel mari de la comédie qui est le seul à ne point voir les gaietés de sa chambre nuptiale ». « Les polices chargées d'éclairer Paris […] s'entrechoquaient dans la nuit de leur ignorance. » Féval ridiculise tout au long du roman l'autorité qui est perdue face à « la machine infernale » qui se prépare.

ÉTUDE DU MOUVEMENT LITTÉRAIRE

A l'époque de Paul Féval, le roman-feuilleton connait un succès populaire sans précédent. Les grands auteurs tels que Balzac, Dumas, Ponson du Terrail et Mérimée s'y prêtent. Mais un autre genre littéraire caractérise *La Vampire*. En effet, Paul Féval revendique l'héritage du genre fantastique dès le début de son roman en citant Ann Radcliffe, auteure de roman gothique au XVIIIe siècle et maîtresse du genre avec entre autres *Les Mystères d'Udolphe* en 1794. « Anne Radcliffe, la sombre mère de tant de mystères et de tant de terreurs, était alors dans tout l'éclat de cette vogue qui donna le frisson à l'Europe. » Paul Féval dans *La Vampire*.

Le roman gothique donne naissance au genre fantastique qui bat son plein à l'époque de Féval avec des auteurs de renoms comme E.T.A Hoffmann en Allemagne et ses célèbres contes fantastiques. En France, Jacques Cazotte ouvre la marche avec *Le Diable amoureux* en 1772 puis c'est au tour de Nodier (*La Fée aux miettes*, 1832), Balzac (*La Peau de chagrin* publié en 1832 également), Gautier (*Le Pied de la momie, La Morte amoureuse*), Nerval (*Aurélia* publié en 1855), Mérimée (*La Vénus d'Ile* publié en 1837) et Maupassant (*Le Horla* entre autres, écrite en 1887) de briller dans ce genre. Il est question de possession, d'apparition, de la dichotomie entre le moi et les autres, le dédoublement de la personnalité par exemple. De même, la femme revêt le plus souvent la figure de fantôme, d'apparition suave et envoutante.

Mary Shelley, romancière gothique anglaise, publie en 1818 *Frankenstein ou le Prométhée moderne*. L'histoire présente la difficulté d'un monstre malgré lui pour survivre dans un monde sans pitié, pétri d'apparences et la relation difficile du monstre avec son créateur. Le roman devient un modèle de fiction et le héraut de la littérature gothique. Dans cette mouvance, Paul Féval, habitué aux romans de cape et d'épée ou historique, se prend au jeu du fantastique et choisit de tisser une intrigue autour de la créature vampirique féminine. La force du roman tient dans sa légende, puisée dans les histoires traditionnelles slaves, véritable point de départ de la quête de vie de la vampire.

DANS LA MÊME COLLECTION
(par ordre alphabétique)

- **Anonyme**, *La Farce de Maître Pathelin*
- **Anouilh**, *Antigone*
- **Aragon**, *Aurélien*
- **Aragon**, *Le Paysan de Paris*
- **Austen**, *Raison et Sentiments*
- **Balzac**, *Illusions perdues*
- **Balzac**, *La Femme de trente ans*
- **Balzac**, *Le Colonel Chabert*
- **Balzac**, *Le Lys dans la vallée*
- **Balzac**, *Le Père Goriot*
- **Barbey d'Aurevilly**, *L'Ensorcelée*
- **Barbey d'Aurevilly**, *Les Diaboliques*
- **Bataille**, *Ma mère*
- **Baudelaire**, *Les Fleurs du Mal*
- **Baudelaire**, *Petits poèmes en prose*
- **Beaumarchais**, *Le Barbier de Séville*
- **Beaumarchais**, *Le Mariage de Figaro*
- **Beauvoir**, *Mémoires d'une jeune fille rangée*
- **Beckett**, *Fin de partie*
- **Brecht**, *La Noce*
- **Brecht**, *La Résistible ascension d'Arturo Ui*
- **Brecht**, *Mère Courage et ses enfants*
- **Breton**, *Nadja*
- **Brontë**, *Jane Eyre*
- **Camus**, *L'Étranger*
- **Carroll**, *Alice au pays des merveilles*
- **Céline**, *Mort à crédit*
- **Céline**, *Voyage au bout de la nuit*

- **Chateaubriand**, *Atala*
- **Chateaubriand**, *René*
- **Chrétien de Troyes**, *Perceval*
- **Cocteau**, *Les Enfants terribles*
- **Colette**, *Le Blé en herbe*
- **Corneille**, *Le Cid*
- **Crébillon fils**, *Les Égarements du cœur et de l'esprit*
- **Defoe**, *Robinson Crusoé*
- **Dickens**, *Oliver Twist*
- **Du Bellay**, *Les Regrets*
- **Dumas**, *Henri III et sa cour*
- **Duras**, *L'Amant*
- **Duras**, *La Pluie d'été*
- **Duras**, *Un barrage contre le Pacifique*
- **Flaubert**, *Bouvard et Pécuchet*
- **Flaubert**, *L'Éducation sentimentale*
- **Flaubert**, *Madame Bovary*
- **Flaubert**, *Salammbô*
- **Gary**, *La Vie devant soi*
- **Giraudoux**, *Électre*
- **Giraudoux**, *La Guerre de Troie n'aura pas lieu*
- **Gogol**, *Le Mariage*
- **Homère**, *L'Odyssée*
- **Hugo**, *Hernani*
- **Hugo**, *Les Misérables*
- **Hugo**, *Notre-Dame de Paris*
- **Huxley**, *Le Meilleur des mondes*
- **Jaccottet**, *À la lumière d'hiver*
- **James**, *Une vie à Londres*
- **Jarry**, *Ubu roi*
- **Kafka**, *La Métamorphose*
- **Kerouac**, *Sur la route*
- **Kessel**, *Le Lion*

- **La Fayette**, *La Princesse de Clèves*
- **Le Clézio**, *Mondo et autres histoires*
- **Levi**, *Si c'est un homme*
- **London**, *Croc-Blanc*
- **London**, *L'Appel de la forêt*
- **Maupassant**, *Boule de suif*
- **Maupassant**, *La Maison Tellier*
- **Maupassant**, *Le Horla*
- **Maupassant**, *Une vie*
- **Molière**, *Amphitryon*
- **Molière**, *Dom Juan*
- **Molière**, *L'Avare*
- **Molière**, *Le Malade imaginaire*
- **Molière**, *Le Tartuffe*
- **Molière**, *Les Fourberies de Scapin*
- **Musset**, *Les Caprices de Marianne*
- **Musset**, *Lorenzaccio*
- **Musset**, *On ne badine pas avec l'amour*
- **Perec**, *La Disparition*
- **Perec**, *Les Choses*
- **Perrault**, *Contes*
- **Prévert**, *Paroles*
- **Prévost**, *Manon Lescaut*
- **Proust**, *À l'ombre des jeunes filles en fleurs*
- **Proust**, *Albertine disparue*
- **Proust**, *Du côté de chez Swann*
- **Proust**, *Le Côté de Guermantes*
- **Proust**, *Le Temps retrouvé*
- **Proust**, *Sodome et Gomorrhe*
- **Proust**, *Un amour de Swann*
- **Queneau**, *Exercices de style*
- **Quignard**, *Tous les matins du monde*
- **Rabelais**, *Gargantua*

- **Rabelais**, *Pantagruel*
- **Racine**, *Andromaque*
- **Racine**, *Bérénice*
- **Racine**, *Britannicus*
- **Racine**, *Phèdre*
- **Renard**, *Poil de carotte*
- **Rimbaud**, *Une saison en enfer*
- **Sagan**, *Bonjour tristesse*
- **Saint-Exupéry**, *Le Petit Prince*
- **Sand**, *François le champi*
- **Sand**, *Indiana*
- **Sand**, *La Mare au diable*
- **Sarraute**, *Enfance*
- **Sarraute**, *Tropismes*
- **Sartre**, *Huis clos*
- **Sartre**, *La Nausée*
- **Senghor**, *La Belle histoire de Leuk-le-lièvre*
- **Shakespeare**, *Roméo et Juliette*
- **Steinbeck**, *Les Raisins de la colère*
- **Stendhal**, *La Chartreuse de Parme*
- **Stendhal**, *Le Rouge et le Noir*
- **Verlaine**, *Romances sans paroles*
- **Verne**, *Une ville flottante*
- **Verne**, *Voyage au centre de la Terre*
- **Vian**, *J'irai cracher sur vos tombes*
- **Vian**, *L'Arrache-cœur*
- **Vian**, *L'Écume des jours*
- **Voltaire**, *Candide*
- **Voltaire**, *Micromégas*
- **Zola**, *Au Bonheur des Dames*
- **Zola**, *Germinal*
- **Zola**, *L'Argent*
- **Zola**, *L'Assommoir*

À la bonne vôtre !

Jacques BARUTET
&
Didier LUCERNE

Éditions ART ET COMÉDIE
3, rue de Marivaux
75002 PARIS

NOTE SUR LES AUTEURS

Se destinant d'abord à une carrière dans la prêtrise puis dans la plomberie, Jacques Barutet anime depuis vingt ans un atelier de théâtre amateur en région Aquitaine, où il monte chaque année les plus grands succès de la collection « Côté Jardin ».

Didier Lucerne, d'abord longtemps postier, puis barman à Cuba dans les années 1990, puis gentleman farmer dans le Wiltshire après avoir gagné une petite somme au Loto, et désormais, ayant dilapidé cette somme trop légèrement, devenu comptable, ne peut voir et retranscrire la vie que comme un théâtre semi-délirant.

Leur rencontre a eu lieu lors de vacances bien méritées dans une cave à vin. Didier Lucerne, légèrement éméché, lance alors à Jacques Barutet ces quelques mots : « À la bonne vôtre ! » C'est la révélation. De verre en verre et d'anecdote en anecdote naît leur première comédie, début d'une longue et fructueuse collaboration.

PERSONNAGES

Louis, le caviste.

Annette, sa sœur excentrique.

Roger, père alcoolique de famille.

Martine, sa femme peu portée sur la bouteille.

Marion, leur fille rebelle et accro au téléphone portable.

Mamy, leur mamy sourde.

Ricky, jeune chômeur du village.

Marie-Françoise, femme bourgeoise d'un amateur de vin qui n'a pas pu venir car voyez-vous…

Claude Hicquant, responsable de l'organisme d'État Hygiène et Sécurité certifié par la Commission européenne.

Claude Hicquant peut être indifféremment un homme ou une femme. Quant à Mamy, elle peut aussi devenir Papy, ou être supprimée de la distribution au moyen d'adaptations minimes.
Au moyen d'adaptations tout aussi minimes, Marion peut être la sœur de Martine, en fonction de l'âge de la comédienne.

DÉCOR

Une salle souterraine. L'accès se situe côté cour. Au fond de la scène, deux grandes portes censées desservir les deux caves. Côté jardin, des tonneaux garnissent la salle et permettent de se cacher. Plus près de l'avant-scène, toujours côté jardin, un petit bar où sont servis les différents crus.

Nous sommes en France, dans un petit village du Libournais, aux coteaux rayés de vignes entre deux châteaux… ou bien au cœur des climats de Bourgogne, qui font un tartan à l'heure des moissons… ou bien non loin de la Loire qui irrigue les vins d'Anjou… ou bien ailleurs…

Nous pourrions être à l'époque romaine, quand les poètes dégustaient déjà du bordeaux, mais nous sommes aujourd'hui…

L'important, c'est que dans ce petit village on doit s'arrêter au domaine qui jouxte la rue traversière, admirer l'antique bâtisse où l'herbe et des branchages ont poussé sur quelques pierres du toit et de la tourelle, rencontrer Louis et sa sœur Annette, et découvrir leur cave simple et belle comme un temple. La salle où l'on descend depuis la cour par quelques marches est sans fenêtres ; deux grosses portes, au fond, desservent les caves, et quelques tonneaux ont été roulés contre le mur, à jardin. La journée est magnifique, le soleil sucre le raisin mauve qui ressemble à du lilas, pendant que le vigneron s'affaire…

ACTE I

Scène 1

Louis. – Annette ! Mais qu'est-ce qu'elle fait ? Annette !

Annette, *off*. – Oui, voilà, j'arrive.

Elle entre.

Louis. – Tu étais où?

Annette. – À la cuisine.

Louis. – Qu'est-ce que tu faisais?

Annette. – Je cuisinais.

Louis. – Oui, d'accord, mais tu cuisinais quoi?

Annette. – Un gratin de courgettes.

Louis. – Un gratin de courgettes?

Annette. – Ben oui, pour tes touristes.

Louis. – Annette… Tu es ma sœur et la famille c'est sacré, alors je vais essayer de ne pas m'énerver. Les touristes vont visiter ma cave, on est d'accord?

Annette. – Oui, Louis.

Louis. – Ils vont goûter le meilleur vin de la région, on est d'accord?

Annette. – Oui, Louis.

Louis. – Et tu vas leur faire un gratin de courgettes!

Annette. – Eh bien quoi?

Louis. – Je t'ai déjà dit cent fois que mon vin ne se mariait pas avec les courgettes!

Annette. – Ça se marie avec tout, les courgettes!

Louis. – Pas avec mon vin! (*Le téléphone sonne.*) Je vais répondre, c'est peut-être une grosse commande. (*Il sort, puis revient. Le téléphone continue à sonner.*) Tu n'as pas vu le téléphone?

ANNETTE. – Lequel ?

LOUIS. – Celui qui sonne !

ANNETTE. – Ah. Non. (*Louis se précipite dans la première cave.*) Louis ! (*Louis revient, essoufflé. Le téléphone sonne toujours.*) Ton téléphone est dans la première cave.

LOUIS. – J'en reviens !

ANNETTE. – Eh bien, retournes-y !

Louis retourne dans la première cave, puis en ressort. Le téléphone continue à sonner.

LOUIS. – Tu es sûre que mon téléphone est dans la première cave ?

ANNETTE. – Oui.

Louis retourne dans la première cave, puis en ressort. Le téléphone continue à sonner.

LOUIS. – Tu as vu mon téléphone dans la première cave ?

ANNETTE. – Non.

LOUIS. – Alors pourquoi tu me dis qu'il y est ?

ANNETTE. – Intuition féminine. (*Louis se précipite dans la deuxième cave, le téléphone continue à sonner.*) Pourquoi vas-tu dans la deuxième cave ?

Louis ressort de la cave. Le téléphone continue à sonner.

LOUIS. – Rien trouvé là non plus.

ANNETTE. – Il fallait te fier à mon intuition.

LOUIS. – Le téléphone n'est pas dans la première cave !

Annette, *vexée.* – Ni dans la deuxième apparemment…

Le téléphone continue à sonner. Louis regarde autour de lui.

Louis. – Mais il est ici mon téléphone ! (*Il décroche.*) Allô ?

Il sort par les marches.

Annette. – Comment ça, mes courgettes ne se marient pas avec le vin ? Ça se marie avec tout les courgettes !

Louis revient paniqué.

Louis. – Oh non ! Oh, ce n'est pas vrai ! Mais ce n'est pas vrai !

Annette. – Quoi donc ?

Louis. – On va recevoir une inspection ! Hygiène et Sécurité !

Annette. – Hygiène et quoi ?

Louis. – Hygiène et Sécurité ! Ils viennent de m'appeler. Des malades du code du travail ! Des dingues des règlements ! Des psychopathes des normes administratives ! Des fonctionnaires, Annette !

Annette. – Des fonctionnaires ?

Louis. – Comme je te le dis !

Annette. – Quelle horreur ! Ils mangent les enfants !

Louis. – Non, tu confonds. (*Paniqué.*) Il faut vérifier qu'on soit en règle ! (*Comme frappé par la foudre.*) Le conduit de ventilation dans la première cave ! (*Il part ventre à terre dans la première cave. Puis revient.*) Je suis sûr qu'il n'est pas aux normes ! Je vais voir s'il n'y a pas de fuite !

Annette. – Sur le conduit de ventilation ?

Louis. – Ou à côté ! Ou ailleurs ! (*Il fonce dans la seconde cave. Puis revient.*) Je vais tout vérifier !

Il s'apprête à retourner dans une cave quand Annette l'interrompt.

Annette. – Et les touristes ?

Louis. – S'ils entrent, tu les fais entrer !

Il pénètre dans la première cave.

Annette. – Je leur fais toujours à manger ?

Louis, *depuis l'intérieur de la cave.* – Évidemment !

Annette. – De la blanquette ?

Louis, *toujours depuis la cave.* – Oui, voilà, c'est très bien la blanquette.

Annette. – Avec des courgettes ?

Louis, *revenant à petits pas de la cave, lassé.* – Annette, tu arrêtes avec tes courgettes !

Il repart dans la cave.

Annette, *grommelant.* – Tu parles… Qu'est-ce que je vais bien pouvoir faire avec mes courgettes ? (*Elle nettoie quelques verres en fredonnant.*) « Ah le petit vin blanc qu'on boit sous les tonnelles… » (*Elle se sert un peu de vin, grimace.*) C'est vrai qu'il n'irait pas avec mes courgettes.

Scène 2

Marie-Françoise entre.

Marie-Françoise. – Mille pardons, y a-t-il quelqu'un ? (*Apercevant Annette.*) Ah, madame ! Bien le bonjour ! Laissez-moi me présenter : je m'appelle Marie-Françoise. J'aurais dû être accompagnée de mon époux mais il n'a pas pu venir car en effet…

Annette. – Moi c'est Annette. Vous venez pour la visite ?

Marie-Françoise. – Absolument. Voyez-vous, mon époux et moi-même adorons les petits vins de région.

Annette. – Vous aimez aussi les courgettes ?

Marie-Françoise. – J'en raffole.

Annette. – J'en étais sûre.

Marie-Françoise. – Mon époux était fou des courgettes, mais suite à de petits problèmes de santé, ses nouveaux médicaments lui interdisent d'en ingérer. Les médicaments, aujourd'hui… Mon époux est tres méfiant envers les excipients.

Annette. – Exci… Ah, mari jaloux !

Marie-Françoise. – Jaloux ? Jamais, c'est un épicurien.

Annette, *s'emportant.* – Ma philosophie, madame, c'est que Français, Chinois, Épicurien ou Zoulou, les hommes sont tous pareils, tous des jolis cœurs ronchons. Inutile de traverser les océans pour épouser un Épicurien, un Sarthois ç'aurait été la même chanson. Alors bien sûr, l'accent, l'exotisme, mais bon… L'accent…

Marie-Françoise, *amusée.* – Oh oh ! Pour un malentendu…

Annette. – Voilà : si ça vous excite de rien comprendre, un type qui zozote aurait fait l'affaire.

Marie-Françoise. – Vous vous éloignez…

Annette. – Séloigner d'accord, mais pas d'excès : un Corse est suffisant. Le ferry-boat coûte moins cher que l'Orient-Express ou le trans-a-tlan-tique, quand même !

Marie-Françoise, *perdue.* – Votre esprit est trop piquant pour moi.

Annette. – Les tropiques, c'est surfait ! L'aventure, la jungle, les moustiques. Les moustiques, si ça vous manque, draguez dans le Marais poitevin. Le reste, c'est pet de nouille !

Marie-Françoise. – Feu mon père aurait dit : flatuosité.

Annette. – Feu le mien : pétard aux herbes. Un homme policé mon père. Un potier. Il faisait des vases.

Marie-Françoise. – Quel mal nous l'a ravi ?

Annette. – La goutte. Bon, comme vous êtes la première arrivée, je vous fais visiter la cave. Mon frère prendra le relais et moi j'irai réchauffer ma blanquette.

Marie-Françoise. – De la blanquette !

Annette. – Mais sans courgettes.

Marie-Françoise. – Oh, je le regrette !

Elles sortent en pénétrant dans la première cave.

Scène 3

Roger, Martine et Mamy entrent.

Roger. – Hé ! Il y a quelqu'un ici ? On voudrait bien boire un coup !

Martine. – Roger ! Un peu de tenue.

Roger. – Ben quoi Martine, ce n'est pas vrai ? (*À Mamy.*) Hein, belle-maman, on aimerait bien boire un coup ?

Mamy. – De quoi ?

Roger, *plus fort*. – Je dis qu'on aimerait bien boire un coup !

Mamy. – Ah oui, j'aimerais bien revoir le loup !

Martine. – Maman !

Roger. – C'est dingue qu'il n'y ait personne. On aimerait bien enfin se bourrer la gueule.

Martine. – Roger, nous ne sommes pas venus ici pour nous « bourrer la gueule » comme tu dis !

Roger. – Un peu, quand même !

Martine. – Écoute, Roger, j'ai fait des efforts pour venir ici alors j'aimerais que tu en fasses aussi. Déjà que je n'aime pas beaucoup que tu boives…

Roger. – Oh ça, on le saura ! (*Il imite Martine.*) « Roger, ne bois pas trop », « Roger, fais attention à ta santé », « Roger, repose ce verre » ! Tu ne voudrais pas que je me mette à la limonade, non ?

Martine. – Et pourquoi pas ?

ROGER. – Plutôt crever !

MAMY. – Qu'est-ce qu'il dit ?

MARTINE, *plus fort*. – Il dit qu'il va être raisonnable. (*À Roger.*) N'est-ce pas, Roger ?

ROGER. – Sûrement pas, Martine ! Quand je dis que je vais me bourrer la gueule, c'est que je vais me bourrer la gueule !

MARTINE. – Roger, tiens-toi bien s'il te plaît ! Surtout devant notre fille !

ROGER. – Notre fille, notre fille… Elle n'est même pas là notre fille !

MARTINE. – Elle arrive, Roger, elle avait juste un coup de téléphone à passer.

ROGER. – Celle-là, toujours accrochée à son portable…

SCÈNE 4

Annette entre.

ANNETTE. – Louis, où es-tu ? (*Voyant la famille.*) Bonjour, messieurs-dames.

ROGER. – Bonjour, madame ! Vous êtes la propriétaire de la cave ?

ANNETTE. – Non, ça c'est Louis.

ROGER. – Qui ça, lui ?

ANNETTE. – Louis, mon frère.

ROGER. – Votre frère, lui ?

ANNETTE. – Non, pas lui, Louis.

ROGER. – Mais lui qui ?

MARTINE. – Ça suffit, Roger. Louis est le frère de madame.

ANNETTE. – Annette.

MARTINE. – Pardon ?

ANNETTE. – Annette, le frère de Louis.

ROGER. – Annette est votre frère ?

ANNETTE. – Enfin, sa sœur.

ROGER. – Mais de qui ?

ANNETTE et MARTINE. – De Louis !

MAMY. – Louis est masseur ?

Scène 5

Marion entre.

ROGER. – Te voilà, toi !

MARION, *regardant son téléphone.* – Il n'y a pas de réseau ici.

ROGER. – Tu ne voudrais pas lâcher ton téléphone deux minutes, non ?

MARION. – Arrête, papa ! Ce téléphone, c'est toute ma vie, il me permet de m'évader, d'être libre, d'échapper aux normes et aux règlements !

ROGER. – Qu'est-ce qu'il ne faut pas entendre comme conneries…

MARTINE. – Annette, je vous présente ma fille Marion.

ANNETTE. – Enchantée. Bon, je vais chercher mon frère et la blanquette.

MARTINE. – Votre blanquette ?

ANNETTE. – Sans courgettes.

ROGER. – Mais avec un peu de piquette !

SCÈNE 6

Louis entre.

LOUIS. – Il n'y a pas de piquette, ici, monsieur, il n'y a que des grands vins.

ANNETTE. – Ça c'est tout Louis ! Les grandes phrases, les grands mots…

LOUIS. – Messieurs-dames, je vais vous faire visiter la première cave.

ROGER. – Il y aura dégustation ?

LOUIS. – Évidemment ! Ce n'est pas pour rien que ma cave s'appelle *À la bonne vôtre* ! Voyez-vous, le vin que je produis ici,

c'est le vin de l'amitié, de la camaraderie, c'est le vin du partage. À chaque fois que je cueille un grain de raisin, je pense à ceux qui goûteront mon vin en famille, entre amis, tous réunis pour partager un bon moment, assis à la même table.

ROGER. – Tu vois, Martine, c'est important le vin de table !

LOUIS. – Malheureusement on ne dit plus « vin de table », monsieur.

ROGER. – Alors on dit quoi ?

LOUIS. – On dit « vin de pays ».

ROGER. – Mais pourquoi ?

LOUIS. – Ce sont toutes ces nouvelles normes…

MARION, *sans lever les yeux de son portable*. – On en a marre des normes !

LOUIS, *soupirant*. – À qui le dites-vous, mademoiselle… (*Indiquant l'entrée de la première cave.*) Après vous.

ROGER. – En route, mauvaise troupe !

Ils entrent tous dans la première cave sauf Annette et Louis.

SCÈNE 7

LOUIS. – Je peux te parler, Annette ?

ANNETTE. – Si tu veux, Louis, mais je dois te prévenir, il y a déjà quelqu'un dans la cave.

Louis, *paniqué.* – Quelqu'un dans la cave ?!

Annette. – Une bourgeoise qui attendait. Je l'ai fait entrer.

Louis, *soulagé.* – Tu as bien fait. Écoute, si les gars d'Hygiène et Sécurité arrivent…

Annette. – Ils arrivent quand ?

Louis. – Je n'en sais rien. Ils peuvent entrer d'un moment à l'autre. (*Tous les deux jettent un regard inquiet vers l'entrée de la cave.*) Donc s'ils arrivent, fais attention. Qu'ils ne traînent pas du côté de l'escalier. Je crois qu'il n'est pas aux normes handicapés et malvoyants.

SCÈNE 8

Ricky entre. Au cours de la scène, indifférent aux sarcasmes de Louis, il furète, semble chercher quelque chose…

Ricky. – C'est par ici qu'on boit ?

Louis. – Qu'est-ce que tu fiches ici, toi ?

Ricky. – Détendez-vous, monsieur Louis. Je viens juste visiter votre cave.

Louis. – Mais bien sûr ! Tu vas déguerpir vite fait, je n'ai pas besoin d'un fainéant dans ton genre alors que j'attends une inspection.

Ricky. – Ce n'est pas parce que je suis chômeur que je suis fainéant !

ANNETTE. – Ricky a raison, Louis. Il est toujours là quand on a besoin de lui au village. (*Elle se frotte à Ricky.*) Pas vrai, mon beau Ricky ?

RICKY, *gêné*. – Oui, madame Annette.

LOUIS. – « Oui, madame Annette. » Très utile, Ricky ; un pilier de l'économie locale : un pilier de comptoir !

ANNETTE. – Oh, Louis !

LOUIS. – On ne l'appelle pas « l'éponge » pour rien !

ANNETTE. – Il n'y a que toi qui l'appelles « l'éponge ».

LOUIS. – Ça fait deux ans qu'au bar de la Mairie ils n'ont pas remplacé l'enseigne qui était tombée. (*Faussement enthousiaste.*) Inutile : il y a toujours Ricky à la terrasse ou à la vitre, une pinte à la main. (*Il imite un automate, souriant, portant une pinte imaginaire à sa bouche, plusieurs fois.*)

RICKY. – Mais je ne bois pas tant que ça.

LOUIS. – Tu bois de la bière, non ?

RICKY. – Ben oui.

LOUIS. – Pour moi, les buveurs de bière sont des ivrognes. La bière ! Grrrrrrr !… La bière, une boisson pour Ostrogoths.

ANNETTE, *impatiente*. – Tu ne t'occupes pas de tes touristes à la cave ?

RICKY, *curieux, les yeux pétillants*. – Les touristes sont déjà entrés à la cave ?

Scène 9

Roger passe la tête.

Roger. – Hé, monsieur Louis, on peut ouvrir une bouteille ?

Louis. – Un instant, monsieur.

Roger. – C'est qui, lui ?

Annette. – Lui, c'est Ricky.

Roger. – Non mais vraiment ?

Ricky. – Eh ben quoi ?

Roger. – Mais c'est complètement idiot !

Annette. – Comment ça, idiot ?

Roger. – Le prénom le plus con du monde !

Annette, *scandalisée.* – Oh !

Louis. – Allez, suivez-moi dans la première cave, on fera une dégustation ici plus tard.

Il pousse tout le monde, sauf Annette, dans la première cave.

Scène 10

Annette, *énervée.* – Non, mais pour qui il se prend, lui ? Parler comme ça de Ricky, un si beau garçon…

Claude Hicquant entre.

Claude. – Bonjour, madame.

Annette, *toujours énervée*. – Bonjour.

Claude. – Conformément à mon mail envoyé le 13 juin dernier à 13 h 10, je viens visiter votre cave afin d'acquérir toutes les informations nécessaires à l'appréciation générale de vos vins et spiritueux. Je suis ici en tant que touriste et j'ai le simple désir de passer un bon moment.

Annette. – Votre prénom, c'est ?

Claude. – Clau… Dominique.

Annette. – Très bien Claudominique. Mon frère et les autres touristes ne vont pas tarder. Moi, je file réchauffer ma blanquette.

Claude. – Votre blanquette sera-t-elle conforme aux normes N-329 et N-447 agréées par la Commission européenne ?

Annette. – Tout ce que je peux vous dire, c'est qu'il n'y aura pas de courgettes.

Claude. – C'est contrariant. (*Annette s'apprête à sortir, mais la remarque de Claude la retient.*) Un instant encore. Vous ai-je dit que c'était une bien belle région ?

Annette. – Non, ravie qu'elle vous plaise.

Claude. – J'aimerais profiter de votre présence et de l'occasion que vous me donnez pour ajouter tout de suite qu'il n'y a rien de tel que les vacances pour oublier ses petits tracas.

Annette, *après un temps*. – Oui.

Annette se retourne pour sortir.

Claude. – Je respire à pleins poumons.

ANNETTE. – Ah, eh bien…

Annette esquisse un pas de côté, très discret.

CLAUDE, *froid et neutre au possible.* – Chic, bientôt l'heure de l'apéritif… C'est tout ce que j'avais à vous communiquer pour le moment.

ANNETTE, *après un temps.* – D'accord. Prévenez-moi si vous avez autre chose à me communiquer.

CLAUDE. – Vous serez prévenue par voie orale. Je ne vous demanderai pas de signature.

Annette sort, Claude Hicquant inspecte la pièce et prend des notes sur un petit carnet.

SCÈNE 11

Tout le monde sera sur scène sauf Annette.

LOUIS, *entrant, suivi des autres.* – Mesdames et messieurs, maintenant que vous avez visité la première cave, je vous propose une petite dégustation.

TOUS, *sauf Marion et Martine.* – AAAAAAAAAH !

MARTINE. – Servez-moi un verre d'eau minérale.

ROGER. – Martine, tu me fais honte !

MARTINE. – Chacun son tour, Roger !

Louis lui sert un verre d'eau et ouvre une bouteille. Pendant toute la scène, Ricky se rapproche de Marion et lui murmure des amabilités. Il ne s'interrompt que lorsqu'un verre de vin lui parvient.

LOUIS. – Pour commencer, un petit vin rouge sans prétention. Regardez cette belle intensité moyenne.

Le verre passe de main en main.

MARIE-FRANÇOISE. – Ah oui, l'intensité est très moyenne.

CLAUDE. – Je note, très moyenne.

ROGER. – Ça, pour être moyenne, elle est moyenne ! Je me demande quel goût ça a une intensité aussi moyenne !

MAMY. – C'est du beau vin !

LOUIS. – Et voyez aussi cette belle couleur rubis.

MARIE-FRANÇOISE. – Ah oui, c'est très rubis.

CLAUDE. – Je note, très rubis.

ROGER. – Ça, pour être rubis, c'est rubis ! Je me demande quel goût ça a une couleur aussi rubis !

RICKY. – Pff. Ce n'est pas rubis, c'est grenat.

LOUIS, *regarde un moment Ricky, puis reprend, comme s'il n'avait pas entendu.* – Maintenant sentez.

ROGER, *se précipite sur le verre et le vide d'un trait.* – SANTÉ !

LOUIS, *décontenancé, ressert un verre.* – Ici on ne dit pas « santé », monsieur, on dit « à la bonne vôtre » !

ROGER. – Désolé.

MARTINE. – Roger, tu me fais honte !

ROGER. – Et toi alors, avec ton verre d'eau ! Hein, belle-maman, qu'elle nous fait honte avec son verre d'eau ?

MAMY. – C'est du beau vin !

LOUIS, *faisant circuler le nouveau verre de vin.* – Maintenant sentez… (*Il regarde Roger avec un air mauvais.*) ce bel arôme végétal.

MARIE-FRANÇOISE. – Ah oui, l'arôme est très végétal.

CLAUDE. – Je note, très végétal.

ROGER. – Ça, pour être végétal, il est végétal ! Je me demande quel goût ça a un arôme aussi végétal !

LOUIS. – Le même goût que le verre que vous m'avez sifflé.

RICKY. – Ben non, c'est floral, ça.

LOUIS. – Qu'est-ce que tu dis ?

RICKY. – C'est floral, pas végétal. Ça sent un peu comme les jonquilles ou les géraniums derrière l'église.

LOUIS, *reniflant le vin.* – Ah oui. C'est floral.

MARIE-FRANÇOISE. – Ah oui, l'arôme est en réalité très floral.

CLAUDE. – Je corrige, très floral.

ROGER. – Ça, pour être floral, il est floral ! Du coup, ça a le même goût si c'est floral ?

MAMY. – Il sent bon, ce vin.

MARION. – Oui, oui, j'aime les fleurs !

MARTINE. – De quoi ma chérie ?

MARION. – Ricky me demande si j'aime les fleurs.

MARTINE. – Tout le monde aime les fleurs.

RICKY. – Oui mais je veux savoir si elle, elle aime les fleurs.

MARTINE. – Et pourquoi vous voulez savoir si elle aime les fleurs ?

RICKY. – Parce que ça m'intéresse de savoir si elle aime les fleurs ! (*À Marion, tendrement.*) Alors comme ça vous aimez les fleurs ?

MARION. – Oui, mais juste les fleurs sauvages. Je n'aime pas les fleurs en pot, privées de liberté, soumises à l'autorité et aux règlements.

CLAUDE, *suspicieux*. – Vous rejetez l'autorité et les règlements ?

MARION. – Je ne supporte pas l'autorité et les règlements.

CLAUDE, *intéressé, notant sur son carnet*. – Et si vous deviez rejoindre un lieu qui défie l'autorité et les règlements, pourriez-vous me dire où se porterait votre choix ?

LOUIS, *faisant passer des verres remplis*. – Maintenant vous pouvez goûter.

ROGER. – AAAAAAAAAAAAAAAAAAAAH !

MARTINE. – Roger !

LOUIS. – J'ai dit « goûter », pas « vider toute la cave ». Goûtez donc et appréciez cette sensation tannique prononcée.

MARIE-FRANÇOISE. – Ah oui, la sensation tannique est prononcée.

CLAUDE. – Je note, prononcée.

ROGER. – Ça, pour être prononcée, elle est prononcée ! Je reprendrais bien une sensation tannique aussi prononcée !

RICKY, *à Marion, tout en goûtant le vin.* – Pour moi, les fleurs sauvages… (*À Louis.*) La sensation tannique n'est pas prononcée. Moyenne tout au plus !

LOUIS. – Moyenne, ma sensation tannique ?!

RICKY. – Franchement, avec une persistance aromatique aussi courte…

MARIE-FRANÇOISE. – Il a de la jambe.

CLAUDE. – De la jambe, vous êtes sûre ?

MARIE-FRANÇOISE. – Ou plutôt de la cuisse.

CLAUDE. – De… de la cuisse ?!

ROGER. – Je dirais même qu'il a du thorax !

CLAUDE. – Du thorax ! Du vin qui a du thorax ! Je passe un bon moment ! Je note, je le note !!!

MAMY. – C'est du bon vin !

LOUIS. – Oui, bon, voici un deuxième vin, plus travaillé. (*Il essaie de reprendre l'autorité sur l'assemblée.*) Saveur acide faible, consistance puissante, arôme en bouche fruité.

MARIE-FRANÇOISE. – Ah oui, c'est faible, puissant et fruité.

ROGER, *qui salive.* – Paible, fluissant et frui-fruité ? Envoyez la merveille !

CLAUDE. – Paible et fluissant. Je note.

RICKY, *à Marion, tout en goûtant le vin.* – Plus une fleur est sauvage, plus… (*À Louis.*) Saveur sucrée inexistante, saveur acide moyenne, sensation tannique prononcée, consistance puissante, arôme en bouche… épicé et persistance aromatique longue.

LOUIS. – Qu'est-ce que tu racontes ?

RICKY. – Eh, il y a une note de clou de girofle !

LOUIS, *décontenancé.* – Euh… oui. C'est vrai.

MARIE-FRANÇOISE. – Et une note de framboise, non ? Ou de myrtille ?

MARTINE, *ironique.* – Moui… Une note de fruit de la passion, aussi.

MARION. – Ce qu'il faudrait, c'est de la grenade !

MAMY. – De la pintade ?

ROGER. – C'est ça ! Une note de rôti de pintade ! (*Il vide son verre goulûment.*)

CLAUDE, *hystérique.* – Un rôti de pintade dans une barrique de vin rouge, je note !

SCÈNE 12

ANNETTE, *depuis les coulisses.* – Chaud devant ! (*Elle entre en courant avec sa blanquette et percute Claude Hicquant, qui tombe. Mouvement de panique.*) Je suis vraiment désolée !

Claude. – Bien que la température de votre blanquette ait excédé de quelques degrés celui de mon épiderme, il n'y a pas de mal. C'est une bien belle région.

Claude Hicquant se relève et prend des notes dans son carnet.

Louis. – Mesdames et messieurs, je vous propose d'entrer dans la deuxième cave. Après vous.

Claude. – J'ai envie de passer un bon moment.

Tout le monde entre dans la deuxième cave sauf Louis et Annette.

Scène 13

Louis. – Non mais vraiment, Annette… Comme si on n'avait pas assez de problèmes comme ça ! Avec l'inspection qui va débouler d'un moment à l'autre… (*Il ramasse une carte de visite par terre.*) Qu'est-ce que c'est que ça ?

Annette, *lit la carte.* – « Claude Hicquant, Hygiène et Sécurité, responsable. »

Louis, *hurlant.* – Hygiène et Sécurité est déjà ici ?!

Annette. – Arrête de crier !

Louis. – Et en plus ils viennent incognito parmi les touristes !

Annette. – C'est qui ça, Claude Hicquant ?

Louis. – L'inspecteur incognito !

ANNETTE. – Je suis sûre que c'est Roger.

LOUIS. – Claude, c'est Roger ?

ANNETTE. – Roger, c'est Claude.

LOUIS. – Et pourquoi Roger serait Claude ?

ANNETTE. – Tu as entendu comme il a parlé de Ricky ?

LOUIS. – Quel rapport ?

ANNETTE. – C'est louche !

LOUIS. – Mais pas du tout !

ANNETTE. – Il faut interroger Roger !

LOUIS. – Mais on ne va pas déranger Roger !

ANNETTE. – Il ne peut pas y déroger ! (*Elle ouvre la porte de la deuxième cave et crie :*) Roger !

SCÈNE 14

Roger entre.

ROGER. – Qu'est-ce qu'il y a ?

LOUIS. – Désolé de vous déranger, Roger.

ANNETTE. – On va vous interroger, Roger !

ROGER. – M'interroger ?

ANNETTE. – Vous ne pouvez pas y déroger, Roger ! (*Elle l'assoit sur une chaise.*) Vous êtes interrogé, Roger, car nous savons qui vous êtes. (*Hystérique.*) Vous êtes un ogre ! Un monstre ! Un dragon impétueux ! Un taureau indomptable ! Une hydre à mille têtes assoiffée du sang des innocents et des prophètes !

LOUIS, *consterné.* – Mais où vas-tu chercher tout ça ?

ANNETTE, *encore plus hystérique et fanatique.* – Il est dit dans l'Évangile : « celui qui a tué par l'épée périra par l'épée » ! Alors, au jour du Jugement, quand les quatre cavaliers descendront des nuées dans un bruit de tempête, vous entendrez votre Seigneur et Dieu tonner contre vous et vous dire, d'une voix pleine de fureur et de majesté : « Roger, vous êtes Claude ! »

ROGER. – Qui ?

ANNETTE, *lisant la carte de visite.* – « Claude Hicquant, Hygiène et Sécurité, responsable » !

LOUIS. – Tu vois bien que ce n'est pas lui ! Roger, vous me certifiez n'être pas Claude ?

ROGER. – Ben oui.

ANNETTE, *suspicieuse.* – Alors il faut appeler d'autres touristes. Comment s'appelle votre femme déjà ?

ROGER. – Martine.

ANNETTE, *ouvre la porte de la deuxième cave et crie.* – Martine ! (*Martine entre. Annette fait lever Roger pour faire asseoir Martine.*) Pourquoi êtes-vous dans la cave de Louis, Martine ?

MARTINE. – Pour accompagner ma mère, mon mari et ma fille. D'ailleurs on va bientôt rentrer.

ANNETTE, *reprenant son ton hystérique et fanatique.* – Martine, vous êtes la créature des abysses ! L'impératrice des Enfers venue semer l'horreur et la désolation…

LOUIS. – Arrête, Annette !

ANNETTE. – Martine, vous êtes Claude !

MARTINE. – Claude ?

LOUIS. – Tu vois bien que ce n'est pas elle !

ANNETTE, *à Martine.* – Comment s'appelle votre fille déjà ?

MARTINE. – Marion.

ANNETTE, *ouvre la porte de la deuxième cave et crie.* – Marion ! (*Marion entre. Annette fait lever Martine pour faire asseoir Marion.*) Que cherchez-vous ici, Marion ?

MARION. – Du réseau. Je n'arrive pas à envoyer mes textos.

ANNETTE. – Ô Marion ! Effroyable succube !

LOUIS. – Annette !

ANNETTE. – Bon, d'accord. Comment s'appelle votre grand-mère, Marion ?

MARION. – Chez nous, on l'appelle Mamy.

ANNETTE, *ouvre la porte de la deuxième cave et crie.* – Mamy ! (*Un temps.*) Mamy !

MARION. – Attendez, je vais la chercher.

Elle entre dans la deuxième cave, en ressort avec Mamy qu'Annette fait asseoir.

Louis, *à Annette*. – Annette, tu me laisses faire. (*À Mamy.*) Mamy, faites-vous partie d'Hygiène et Sécurité ?

Mamy. – Non, pas de thé, merci. Le vin me suffit.

Louis. – Et… comment s'appelle la bourgeoise ?

Annette. – Marie-Françoise.

Louis, *ouvre la porte de la deuxième cave et crie.* – Marie-Françoise ! (*Marie-Françoise entre. Louis fait lever Mamy pour faire asseoir Marie-Françoise.*) Pourquoi êtes-vous ici, Marie-Françoise ?

Marie-Françoise. – Voyez-vous, mon époux et moi-même adorons les petits vins de région. Hélas il n'a pas pu venir car…

Louis. – Oui, oui, d'accord. (*À Annette.*) Et si c'était « l'éponge » ?

Annette. – Qui ?

Louis. – Ricky.

Roger. – Ricky qui ?

Annette, *vexée*. – Moi je ne dis plus rien.

Louis. – Hygiène et Sécurité l'a peut-être recruté pour m'espionner. Il n'aimait pas le vin et là, comme par hasard, il a l'air de s'y connaître. (*Il ouvre la porte de la deuxième cave et crie.*) Ricky ! (*Ricky entre. Louis fait lever Marie-Françoise pour faire asseoir Ricky.*) Alors tu apprécies le vin on dirait ?

Ricky. – Je ne pensais pas aimer ça, mais oui, finalement…

Louis. – Et tu t'y connais en normes ?

Ricky. – En normes ?

Louis. – En normes d'hygiène et de sécurité !

Ricky. – Moi non, mais pendant que vous bavardiez, Dominique n'a pas arrêté de parler de ça.

Louis. – Quoi ?!

Ricky. – Il disait que l'escalier ne respectait pas la directive numéro je ne sais plus quoi…

Louis, *ouvre la porte de la deuxième cave et crie.* – Dominique ! (*Claude Hicquant entre. Louis fait lever Ricky pour faire asseoir Claude Hicquant.*) Il n'y a plus de doute.

Claude. – Il n'y a plus de saisons non plus.

Louis. – Faites-vous partie d'Hygiène et Sécurité ?

Claude. – En vertu de l'article 23 alinéa 2 du code de responsabilité, je ne parlerai…

Louis, *lui montrant la carte de visite.* – Vous n'auriez pas perdu ceci, Claude Hicquant ?

Claude, *hésite puis se lève.* – Eh bien oui, c'est moi ! Dominique n'existe pas ! Dominique n'a jamais existé, mais Claude est réel ! (*On entend des coups de tonnerre et des hurlements de loups. Un temps.*) Excusez-moi, c'est mon portable. (*Il éteint son portable.*) Je ne réponds jamais pendant le service. Donc je disais : je ne suis pas Dominique mais Claude !

Ricky. – Je commence à m'y perdre avec tous ces prénoms…

Martine. – Enfin, c'est simple : lui, c'est Claude.

ROGER. – Louis ?

MARTINE. – Mais non ! Louis c'est Louis et lui c'est Claude !

ROGER. – Mais alors qui est Dominique ?

RICKY. – Ce n'est pas Marie-Françoise ?

MARIE-FRANÇOISE. – Je serais Dominique ?

MARTINE. – Mais non, vous êtes toujours Marie-Françoise.

ANNETTE, *bougonne*. – Claude a beau être Claude, ça ne l'empêche pas d'être Roger.

LOUIS. – On te répète que Roger n'est pas Claude puisque c'est Dominique !

ANNETTE. – Ah, tu vois bien que Roger, c'est Dominique !

MARTINE. – Mais non puisque c'est Claude !

RICKY. – Mais alors qui est Roger ?

MARION. – Mon père !

MARTINE. – Mon mari !

MAMY. – C'est Ricky !

MARTINE. – Maman ! Roger n'est pas Ricky !

ROGER. – Qui ?

ANNETTE, *bougonnant toujours*. – Mais Roger pourrait très bien être Claude…

MARTINE. – Roger n'est pas plus Claude que moi je ne suis Ricky !

MARIE-FRANÇOISE. – Vous êtes Ricky, Martine ?

Claude Hicquant se place au centre de la scène. Il lève les deux bras au ciel pour demander le silence.

CLAUDE, *hurlant*. – Arrêteeeeeez ! (*Un temps. Il se reprend.*) Je suis Claude Hicquant, responsable de l'organisme d'État Hygiène et Sécurité certifié par la Commission européenne et je vous annonce que cette cave, en particulier son escalier, n'est pas aux normes handicapés et malvoyants. (*Menaçant.*) D'ailleurs Annette a chu.

ANNETTE. – J'ai chu ?

CLAUDE. – Vous chûtes ! Encore un petit détail à régler, Louis, et je fais fermer votre cave !

LOUIS. – Fermer la cave !

ANNETTE, *sortant de sa torpeur*. – C'est stupéfiant !

ROGER. – C'est incroyable !

MARIE-FRANÇOISE. – C'est inouï !

RICKY. – C'est hallucinant !

MARTINE. – C'est formidable !

MAMY. – C'est du bon vin !

MARION, *à Claude Hicquant*. – Vous avez du réseau, vous ?

ANNETTE. – Si je m'attendais !

ROGER. – Si on avait su !

MARIE-FRANÇOISE. – Si mon époux était là !

MAMY. – Vous fumez du tabac ?

LOUIS, *abattu*. – C'est une catastrophe.

Roger sert deux verres, en donne un à Louis.

ROGER. – Allez, ne vous laissez pas abattre ! (*Louis est sonné. Il trinque tout de même avec Roger.*) À la bonne vôtre !

RIDEAU

ACTE II

Scène 1

Même décor que dans le premier acte, mais plus sombre. Les murs et les tonneaux, dont celui dressé où reposent verres et bouteille, et autour duquel se tiennent Annette, Marie-Françoise et Martine, doivent faire penser à l'intérieur grave d'un souterrain. Les portes des deux caves, entrouvertes, peuvent créer des découpages d'ombre ; tout l'aspect de la scène doit évoquer les choses par leur côté inquiétant, vague et mystérieux.

Annette et Marie-Françoise ont bu. Martine aussi ; de l'eau.

ANNETTE. – Inquiétant.

MARIE-FRANÇOISE. – Troublant.

ANNETTE. – Un peu effrayant.

MARIE-FRANÇOISE. – Te-rri-fique.

ANNETTE, *péremptoire*. – Épouvantesque.

MARIE-FRANÇOISE. – Effa…

ANNETTE. – Pétochant, Marie-Françoise. Ça oui, trouillique !

MARTINE, *resserrant son col*. – Humide.

MARIE-FRANÇOISE. – Quelle débâcle ! Dire que nous passions un bon moment… (*Marie-Françoise et Annette repensent aux mots identiques prononcés par Claude Hicquant et frissonnent*.) Et voilà notre compagnie disloquée, éparse. Où peut être Roger ? Errant ?

ANNETTE. – Anéanti ?

MARTINE. – Cuvant.

Un temps.

ANNETTE. – Et Ricky ? Il avait l'air si content de goûter nos vins. J'espère qu'il ne va pas se faire mal : dans la première cave c'est si mal éclairé ! Il voulait accompagner Mamy pendant sa promenade, je lui ai dit que Marion l'avait emmenée revoir la première cave.

MARTINE. – Vous vous êtes trompée, Marion est entrée dans la seconde cave. L'alcool vous fait voir double.

ANNETTE. – Non, puisqu'il y a deux portes. Mais vous avez raison, l'alcool… chez moi… inverse. Effet bizarre. Il faudra peut-être aller les chercher, le sol n'est pas toujours égal dans la seconde cave, c'est un enchevêtrement de galeries.

MARTINE. – Elles ont l'air grandes, vos caves.

ANNETTE. – Oui. Dedans, c'est la nuit. On ne voit pas le fond du souterrain ; l'œil se perd dans les arcades, les escaliers et les piliers qui s'entrecroisent dans l'ombre.

MARTINE. – Ah oui, quand même…

Un temps.

MARIE-FRANÇOISE. – Veuillez m'excuser.

MARTINE. – Pourquoi ?

MARIE-FRANÇOISE. – J'ai eu un puissant hoquet, presque une éructation.

ANNETTE. – Ben non.

MARIE-FRANÇOISE. – Non, car cela n'aurait pas été poli.

MARTINE. – Mais vous vous excusez ?

MARIE-FRANÇOISE. – Oui, sans quoi cela n'aurait pas été poli non plus. (*Un temps.*) Et Louis ?

ANNETTE. – Louis est un être solitaire. Il ne se confie qu'à la vigne. À certaines bouteilles. Il est sensible, parfois ombrageux.

MARTINE. – Où a-t-il pu passer ?

ANNETTE, *pendant son récit, on peut diffuser, comme fond sonore, mais léger,* La Chevauchée des Walkyries *de Wagner.* – Il existe… C'est ce qu'on dit, au village, et j'y crois… Il existe un recoin… entre les barriques… invisible à l'œil profane. Qui conduit au Palais de la cave… là où reposent les plus vénérables bouteilles, les millésimes d'exception, les meilleurs crus ; toutes attendent le jour où, sortant des six cent quarante étagères à vin, caracolant !… goulot au clair !… elles se videront dans une dernière orgie contre la Sobriété, le loup du Puritanisme et de nombreux autres ennemis… Seul le vigneron au cœur pur, comme Louis, possède l'intuition pour le trouver, et peut y entrer. Je sais qu'il s'y retire parfois. À moins qu'il ne soit trop ébranlé. (*Fin de la diffusion possible de Wagner. Annette, échauffée, comme en proie aux visions de ce qu'elle énonce.*) Foudroyé dans son sacerdoce. Il n'ose plus se présenter devant les valeureuses cuvées. Il va au hasard, hésite, se couvre le front de son bras pour cacher sa honte ! Louis ! Il fuit, de-ci, de-là… Il passe des rangées de tonneaux qui le condamnent

du regard, leurs cercles de fer froncés… Il court, arrive au fond des galeries qui sont maintenant des cavernes… Louis, attention ! Un escarpement ! Un lac noir ! (*Elle se lève, hurle et fonce vers la première cave.*) Louiiiiiiiiiiiis !

Scène 2

MARIE-FRANÇOISE. – Pauvre Annette… Elle a bien du souci…

MARTINE. – Tant pis pour elle.

MARIE-FRANÇOISE. – Mais, madame, vous m'accorderez qu'Annette est aussi méritante que sympathique !

MARTINE. – Je ne l'aime pas.

MARIE-FRANÇOISE, *horrifiée*. – Vous n'aimez pas Annette ?

MARTINE. – Pas plus que son frère.

MARIE-FRANÇOISE, *au bord des larmes*. – Louis n'aime pas Annette ?

MARTINE. – Non, c'est moi qui n'aime ni Louis ni Annette. C'est à cause de gens comme eux si certains deviennent alcooliques. J'ai hâte que leur cave ferme, tiens !

MARIE-FRANÇOISE. – Mais Annette sera malheureuse et… Que dira votre époux Roger ?

MARTINE. – Je me fous de ce poivrot ! D'ailleurs je vais chercher ma mère et ma fille et je m'en vais sans lui !

Martine entre dans la seconde cave.

Scène 3

Roger sort de la première cave.

Marie-Françoise. – Roger, vous m'avez fait peur !

Roger. – Peur dans ce paradis ? Le Louvre, c'est bien ; ici, c'est mieux !

Marie-Françoise. – Roger, vous ne mesurez pas la gravité de la situation. Claude va faire fermer la cave. Ces bouteilles ne seront plus jamais vues, et jamais bues !

Roger, *un doigt sur la bouche.* – Chut ! Moins fort, mon cerveau ne supporte pas cette idée.

Marie-Françoise. – Martine ne veut plus que vous buviez.

Roger. – Quoi ? (*En s'agrippant le foie d'une main.*) Martine, tu me brises le cœur !

Marie-Françoise. – Martine est sur le point de se séparer de vous.

Roger. – Mais ! Ce n'est pas possible !… Si la cave ferme, si Martine se casse… Où est-ce que j'irai boire pour oublier ?… Il faut à tout prix empêcher la cave de fermer !

Marie-Françoise. – Cachez-vous, j'entends du bruit !

Ils se cachent.

Scène 4

Ricky sort de la première cave, Mamy de la seconde.

Ricky. – Mamy, vous m'avez fait peur !

Mamy. – Vous attendez le facteur ?

Ricky. – Claude est vraiment flippant. Vous avez entendu sa sonnerie de téléphone ?

Mamy. – M'emmener sur votre Harley-Davidson ?

Ricky. – Ça me donne une idée.

Mamy. – Je n'ai besoin de personne !

Ricky. – Cachez-vous, j'entends du bruit !

Ils se cachent.

Scène 5

Annette sort en trombe de la première cave, Marion de la seconde.

Marion. – Annette, vous m'avez fait peur !

Annette, *reprenant sa respiration*. – Je m'agite, je cours, languissante, abattue… Je n'ai pas trouvé Louis !

Marion. – Vous cherchez votre frère ?

ANNETTE. – Mon frère ruiné, mon frère dévasté ! Hygiène et Sécurité veut fermer sa cave et nous n'avons plus d'argent !

MARION. – Mais c'est trop injuste !

ANNETTE. – Oui, c'est trop injuste !

MARION. – Louis vend du vin qui coûte cher et au final il est pauvre, et ça, c'est nul !

ANNETTE. – Oui, c'est nul !

MARION. – Cachez-vous, j'entends du bruit !

Elles se cachent.

SCÈNE 6

Martine sort de la première cave, Claude de la seconde.

CLAUDE. – Ah, Martine ! Vous êtes une entité citoyenne à caractère individuel, laissez-moi vous expliquer la procédure, parallèle et en synergie administrative avec la PP, ou préfecture de police, et l'ex-DDPP, ou direction départementale de la protection des populations.

MARTINE. – La…

CLAUDE. – Je sollicite votre appui dans le cadre du complément nécessaire à la procédure d'F.D.U.P.N.C.A.N.H.M.

MARTINE. – F.D.P ?…

CLAUDE. – F.D.U.P.N.C.A.N.H.M. ou Fermeture d'urgence pour non-conformité aux normes handicapés et malvoyants. Pour qu'il y ait notification par les services de police…

MARTINE. – …

CLAUDE. – Qui, je vois que vous alliez me le demander, entre dans les attributions des missions de protection de la santé publique…

MARTINE. – …

CLAUDE. – Et qui ne se déclenche, vous vous en doutez, qu'en cas de manquement nécessitant une mesure d'urgence…

MARTINE. – …

CLAUDE. – Je vous enlève les mots de la bouche, mais oui, Martine, vous avez raison, il doit y avoir fermeture administrative de l'établissement…

MARTINE. – …

CLAUDE. – Oh non, Martine, je n'aurais pas omis l'appendice au dossier constitué du témoignage olographe d'un témoin extérieur et non affilié à l'établissement, et c'est là où vous intervenez, je veux dire dans le cadre de ce formulaire H-682 adjoint au dossier que je vous demanderai de remplir.

MARTINE. – Vous voulez que je signe un papier pour faire fermer cette horrible gargote ?

CLAUDE, *hésitant*. – Ma demande n'était pas claire ?

MARTINE. – C'est d'accord. Donnez-moi votre fiche.

CLAUDE. – Je vais la chercher dans ma mallette, et je reviens dans un délai approximatif de quelques minutes muni d'un stylo

sur lequel je n'ai pas droit de cession en raison de son appartenance aux services de régie d'Hygiène et Sécurité. Je ne pourrai que vous prêter le stylo.

Il sort.

MARTINE. – Bon, j'ai le temps de trouver Marion.

Elle sort par la seconde cave.

SCÈNE 7

Marie-Françoise, Roger, Mamy, Ricky, Annette et Marion sortent un à un de leur cachette. Ils jettent des coups d'œil suspicieux partout autour d'eux.

ROGER. – Ben ça alors…

MARIE-FRANÇOISE. – Si je le disais à mon époux…

ROGER. – Ma femme…

MARION. – Ma mère…

RICKY. – Martine…

ROGER. – M'empêcher de boire, c'est déjà horrible, mais alors là…

MARION. – Je ne la croyais pas capable de faire un truc pareil !

MARIE-FRANÇOISE. – C'est presque une trahison !

ANNETTE. – Mais c'est une trahison, Marie-Françoise ! Quand j'y pense… Martine à qui j'ai préparé des courgettes, que j'ai

accueillie… Martine ! J'ai pris soin d'elle, je l'ai choyée, élevée comme ma propre enfant alors que j'aurais pu la livrer en pâture aux chiens et oiseaux carnassiers !

RICKY. – Vous êtes la mère de Martine ?

MARIE-FRANÇOISE. – Mais non, ça c'est Mamy. N'est-ce pas, Mamy ?

MAMY. – Vous avez dit quelque chose ?

RICKY. – Pardon Annette. Comme vous disiez…

ANNETTE. – C'était une façon de parler ! Nous avons fait confiance à Martine et Martine nous plante un poignard en plein cœur ! Nous sommes trahis de toutes parts, accablés d'injustices ! Et Louis ! Oh, mon pauvre Louis !

MARIE-FRANÇOISE. – Baissez la voix, Annette ! Louis ne sait pas encore…

UNE VOIX SÉPULCRALE. – Qu'est-ce que Louis ne sait pas encore ?

Une ombre s'avance. On la distingue mal. Les personnages sont saisis de terreur.

ANNETTE. – Horreur !

ROGER. – Qui êtes-vous ?

MARION. – Montrez-vous !

MARIE-FRANÇOISE. – Dévoilez-vous !

L'ombre s'avance. On reconnaît Louis. Il tient une bouteille contre lui.

LOUIS. – C'est moi, Louis.

Tous. – C'est Louis !

Louis. – Oui, c'est moi.

Annette. – Mais où étais-tu ?

Louis. – Dans la première cave, caché entre deux tonneaux. J'étais triste. Tellement triste.

Marie-Françoise. – Louis, c'est affreux !

Louis. – Oui, c'est affreux. Nous allons être épinglés sur les normes. Et nous serons fermés, ou ruinés.

Roger. – C'est encore plus affreux que ça !

Louis. – Plus affreux !

Marie-Françoise. – Beaucoup plus affreux !

Annette. – Beaucoup, beaucoup plus affreux !

Marion. – Beaucoup, beaucoup, beaucoup plus affreux !

Ricky. – Beaucoup, beaucoup, beaucoup, beaucoup plus affreux !

Louis, *effrayé.* – Tant que ça ?

Marie-Françoise. – Claude va fermer la cave.

Louis. – Ça, je le savais déjà.

Marie-Françoise. – Et Martine va l'y aider.

Louis. – Vraiment ? Si même les touristes veulent m'empêcher de travailler… (*Il s'écroule.*) Alors tout est foutu…

Un temps. Les personnages se rassemblent autour de Louis pour le consoler.

ROGER. – Mais non, tout n'est pas foutu, Louis !

MARION. – On va se battre !

RICKY. – La cave ne fermera pas !

MARIE-FRANÇOISE. – Non, elle ne fermera pas !

LOUIS. – Mais Martine ?

MARION. – On la fera changer d'avis !

LOUIS. – Mais Hygiène et Sécurité ?

ANNETTE. – On neutralisera Claude Hicquant !

LOUIS. – Mais comment ?

ROGER. – Par l'alcool !

ANNETTE. – Oui, par l'alcool ! Pour lui faire rendre gorge !

MARIE-FRANÇOISE. – Tout à fait, chère Annette ! Lui faire rendre gorge !

ANNETTE. – Mort à Claude.

MARIE-FRANÇOISE. – Que Claude meure !

ANNETTE. – Que Claude expire !

MARIE-FRANÇOISE. – Qu'on l'immole !

ANNETTE. – Combien faut-il de bras pour mettre Claude au linceul ?

MARIE-FRANÇOISE. – Un seul !

ANNETTE. – Combien faut-il de coups au cœur ?

MARIE-FRANÇOISE. – Un seul !

ANNETTE. – Qui frappera ?

MARIE-FRANÇOISE. – Nous tous !

LOUIS. – Les filles, calmez-vous ! (*Il réfléchit.*) Laissez-nous avec Claude Hicquant… Et chargez-vous de Martine.

MARIE-FRANÇOISE. – Que voulez-vous que nous fassions, Louis ?

LOUIS. – Faites-la changer d'avis. Convainquez-la de ne pas donner son témoignage pour faire fermer la cave.

ANNETTE. – Compte sur nous, Louis.

MARIE-FRANÇOISE. – Oui, comptez sur nous, Louis.

LOUIS. – Quant à vous, Roger, vous avez raison. Il faut faire boire Claude Hicquant pour l'empêcher de fermer la cave !

RICKY. – Ça ne suffira pas de faire boire Claude !

LOUIS. – Tais-toi, toi ! Tu nous as assez posé de problèmes comme ça !

ANNETTE. – Louis !

LOUIS. – Mêle-toi de ce qui te regarde, Annette, et prépare ta mission avec Marie-Françoise !

RICKY. – Je fais quoi, moi ?

LOUIS. – Tu attends gentiment dans un coin !

MARION. – Et moi ?

LOUIS. – Vous… Vous laissez Mamy à l'écart de cette histoire et vous la surveillez… (*À lui-même.*) Je ne suis pas encore mort, Claude Hicquant… Nous nous battrons !

Tous. – Nous nous battrons !

Annette et Marie-Françoise entrent dans la première cave, Louis et Roger dans la seconde.

SCÈNE 8

Ricky demeure immobile quelques instants, concentré, le regard dans le vide, tout à ses pensées, pendant que Marion tapote sur son portable d'une main avant de le glisser dans sa poche. Elle regarde Ricky du coin de l'œil. Enfin, après une longue inspiration, Ricky ose.

Ricky. – Marion, j'aimerais qu'on parle tous les deux.

Marion. – En même temps ?

Ricky. – Non, j'aimerais qu'on parle en étant tous les deux…

Marion. – Oh, bien sûr. (*Tranquillement, elle pousse Mamy dans la cave entrouverte, la seconde.*) Qui commence ?

Ricky. – Moi ?

Marion. – O.K., j'ai très envie d'entendre ton avis sur le complot.

Ricky. – Mon avis sur le complot ?

Marion. – Évidemment, tu pensais à quoi : un moment dragouille ? Je me suis demandé, tout à l'heure, quand tu me parlais des fleurs. Parce que, les fleurs…

Ricky. – Oui…

MARION. – Ben non.

RICKY. – Non.

MARION. – C'est pas en parlant des fleurs… Pas avec moi ! Tu te rends compte à quel point la drague suit des normes ? Les bêtises qu'il faut entendre en attendant de conclure ! Ça me révolte ! Je ne laisserai pas approcher de moi un mec qui utiliserait le thème des fleurs.

RICKY. – Ni le grain de peau ?

MARION. – Le grain de peau ! Oh là là !

RICKY. – Oui, oui.

MARION. – Oui ?

RICKY. – Non : non !

MARION. – Oh non, oui.

RICKY. – Et les yeux.

MARION. – Nul.

RICKY. – Tout ce qu'on devine dans la voix.

MARION. – Baaah.

RICKY. – Et, tiens, le mystère ?

MARION. – Pire que tout. Il ne manquerait plus qu'un truc idiot genre « Tu m'excites… par ton intelligence ». Oh oui… Parce que je suis soudain très intelligente.

RICKY, *troublé*. – Oui, non…

MARION, *sortant un instant du jeu*. – Je ne suis pas intelligente ?

RICKY. – Si !

MARION. – Oh, et le moment de la déclaration, tu sais, le grand moment…

RICKY. – Quand on n'a plus de conversation…

MARION. – Quand on a l'impression qu'un mot contient tout le reste. Tu sais ?

RICKY. – Quand tout est évident.

MARION. – C'est ça. (*L'encourageant, apparemment moqueuse.*) Quand…

RICKY. – Quand on dit…

MARION. – Comment ?

RICKY. – Calmement…

MARION. – Quoi ?

RICKY. – « Tu es tellement belle ».

Ricky embrasse Marion. Les baisers timides se prolongent. Marion y mêle un sourire.

MARION. – J'en étais sûre.

RICKY, *qui se tient au bord des lèvres de Marion.* – Ah oui ?

MARION. – Oh oui, c'était clair. Attendu. Cliché. Presque réglé. Très normatif.

RICKY, *qui s'écarte encore un peu du visage de Marion.* – Ah ?

MARION. – Mais j'ai bien aimé jouer. (*Cette fois, c'est elle qui se penche vers Ricky et l'embrasse.*) Ricky, tu es encore trop prévisible.

RICKY. – Ah.

Ils s'embrassent, et Ricky en l'entourant romantiquement de ses bras subtilise le portable dans la poche de Marion et le cache dans la sienne.

SCÈNE 9

Roger entre, grave. Il a quelques bouteilles dans les bras. Il s'arrête et regarde sa fille enlacée par Ricky, puis pose une bouteille au sol, alors seulement les jeunes tourtereaux s'aperçoivent de sa présence et sursautent.

RICKY. – Monsieur…

ROGER. – Ah non, pas monsieur, dis-moi Roger, hein ?

RICKY. – Oui, Roger. Oui, et vous dites-moi…

ROGER. – … Antoine.

RICKY. – C'est que c'est Ricky.

ROGER. – Je préfère t'appeler Antoine. (*Il pose d'autres bouteilles au sol, puis une dernière sur le tonneau.*) Marion, tu ne devrais pas laisser Mamy seule avec du bon vin.

MARION. – Oups ! Mamy ! J'ai oublié Mamy !

Elle entre dans la première cave. Roger cherche et utilise un tire-bouchon pour ouvrir une première bouteille.

ROGER. – Claude ne devrait plus tarder. Tu peux rejoindre Mamy et Marion, Antoine, je sais ce qu'il me reste à faire.

RICKY, *qui met la main dans la poche où est caché le portable de Marion.* – Plus tard ; je veux rester avec vous, Claude ne me fait pas peur.

ROGER. – Antoine…

RICKY. – Je ne vais pas vous déranger, Roger…

ROGER, *qui hume le vin au goulot.* – Tu es jeune, Antoine, tu crois connaître le monde. Écoute, reste, mais, quoi qu'il arrive, quoi que tu puisses voir dans cette cave quand je serai avec Claude, je te demande de ne pas intervenir.

RICKY. – Vous n'allez pas…

ROGER. – L'ivrognerie a sa part de ténèbres, Antoine. Je vais devoir y plonger et y précipiter Claude avec moi. Je te dirais bien que j'en suis toujours revenu, mais aucun picoleur ne boit sans ignorer les risques. Je frissonne. Pourtant aujourd'hui, il faut tout tenter. (*La porte s'ouvre et Claude apparaît en haut des marches. Il descend et traverse la cave en cherchant Martine, jette un regard à Roger, tandis que Ricky recule discrètement dans un coin. Roger se verse un verre de vin.*) Vous semblez perdu, Claude.

CLAUDE. – Et vous, vous semblez chez vous, encore à consommer sans modération, alors que l'abus d'alcool est dangereux pour la santé. Vous devriez plutôt consommer au moins cinq fruits et légumes par jour.

ROGER. – Combien croyez-vous que je m'enfile de grappes de raisin écrasé ?

CLAUDE. – En tout cas, votre addiction vous empêche d'exercer une activité physique régulière.

Roger. – Faux… Sachez que je titube. Et quand je ne sais plus où je suis garé, je titube sur des kilomètres. J'ai des mollets : comme ça !

Claude. – Vous êtes un pénalisable, vous ne comprendrez jamais la perfection d'une circulaire, ou la beauté d'un contrôle.

Roger. – Vous vous trompez, Claude. Votre exemple m'a ouvert les yeux.

Claude. – Vraiment, le nez dans votre verre ?

Roger. – Ce n'est pas ce que vous croyez.

Claude, *comme pour une scène de ménage.* – Alors expliquez-moi ce qu'une bouteille de vin fait à côté de vous ?

Roger. – Oh, elle ! Mais ce n'est rien !

Claude. – Ce n'est rien, dit-il ! Ce n'est rien ! Vous me prenez vraiment pour une andouille, Roger ! Oh, mais c'est la dernière fois ! Je pars !

Il s'apprête à entrer dans la première cave. Ricky s'élance pour le suivre et se ravise.

Roger. – Non, Claude, s'il vous plaît, restez avec moi. Je peux tout vous expliquer. Si je suis avec cette bouteille, c'est que je cherche un jaja que j'ai bu plus tôt… et je suis sûr qu'il est toxique.

Claude, *interloqué et intéressé.* – Toxique ?

Roger. – Et c'est « frauduleux », hein ?

Claude. – Frauduleux ? Si c'est vrai, ce serait coupable, répréhensible, pénal… Et ce serait le couronnement de mon rapport… (*Il s'approche de Roger.*) Et vous me dites que le contenu de ce verre est toxique ?

ROGER. – Hélas ! J'ai tellement bu dans ma vie que je ne sens presque plus rien. Autant abandonner et jeter cette saloperie.

Il s'apprête à vider son verre au sol, lorsque Claude lui saisit le poignet.

CLAUDE. – Donnez-moi ça ! Inconscient ! (*Il boit.*) La teneur en alcool ne me paraît pas dépasser les normes sanitaires.

ROGER. – Laissons tomber, Claude. Je ne sais même plus quel pinard m'a paru louche. Et il y en a tant.

CLAUDE, *s'illuminant*. – Ha ha ha ha ! Je te retrouve, désordre, chaos, capharnaüm ! Je possède une arme contre laquelle tu es impuissant : la Discipline !

ROGER. – Vous allez bien, Claude ?

CLAUDE, *attrapant Roger par le col, dément*. – Roger, nous trouverons ce millésime toxique ! Nous vaincrons la Pagaille. (*Il tombe sur une chaise.*) Préparez les bouteilles. Je veux les goûter par ordre chronologique. Vous les disposerez de votre côté en rangées impeccables, puis vous les ouvrirez au fur et à mesure de façon boustrophédique, c'est-à-dire de gauche à droite en suivant la ligne, puis de droite à gauche à la ligne suivante, et de gauche à droite encore, ainsi jusqu'à la fin de la liste. De mon côté, je goûterai et noterai.

ROGER, *ouvrant des bouteilles au hasard*. – Oui, je vais faire ça. Concentrez-vous sur la dégustation.

Roger sert un verre à Claude, qui le goûte immédiatement, armé de son stylo et de son bloc-notes.

CLAUDE. – Négatif. Sans intérêt. Suivant.

ROGER. – Voilà, voilà. (*En aparté :*) Sans intérêt ? (*Il récupère le verre de Claude, le vide d'un trait, puis le remplit avec une autre bouteille.*) Tenez.

CLAUDE. – Négatif. Suivant.

ROGER, *qui finit chaque verre goûté par Claude, avant d'en remplir un nouveau ; au final, il n'utilise que quelques bouteilles, alternativement.* – Voici.

CLAUDE. – Négatif. Celui-ci aussi est correct. (*Il en goûte un autre.*) Négatif encore. C'est intolérable cette conformité ! Oh !… Oh, symptôme de révolte, je me signalerai à ma hiérarchie. Ha ha ! Je ne m'en tirerai pas comme ça, j'aurai un blâme. Bien fait ! Suivant !

ROGER, *qui a vidé une bouteille au goulot.* – Tenez.

CLAUDE. – Il faut toujours accomplir son devoir sinon, après la mort, on va chez les hippies.

ROGER. – Ah oui ? Je croyais qu'en se comportant mal on était envoyé à Vittel.

CLAUDE. – Il ne faut pas croire tout ce qu'on vous dit. Négatif. Suivant !

ROGER. – Une seconde !

Il lutte contre lui-même pour céder un nouveau verre et s'agrippe à une bouteille.

CLAUDE. – Eh bien, il arrive cet échantillon ?!

ROGER. – Restez poli, ou je ne vous en donne plus. Tenez.

CLAUDE. – Négatif… (*Chagriné.*) Sainte Commission, je vous prie bien humblement de m'accorder une toute petite infraction,

une seule. Faites qu'il y ait une bouteille qui tombe sous le coup de Votre Loi. Suivant !

ROGER. – Bas les pattes, cette bouteille est à moi !

CLAUDE. – Roger, donnez-moi immédiatement cette bouteille, je vais la goûter !

ROGER. – Elle est innocente ! Je le sais, regardez-la, comment pouvez-vous penser qu'elle pourrait être toxique ?

CLAUDE. – Roger, vos sentiments vous égarent. Donnez-moi cette bouteille ! Je vous rappelle à votre mission. Et, si nous clôturons convenablement ce dossier, je saurai vous récompenser.

ROGER. – Je ne veux qu'une chose.

CLAUDE. – Quoi ?

ROGER. – La Quantité !

CLAUDE, *se relève et ne semble pas assuré sur ses jambes ; très légèrement éméché.* – Pour le bien des normes, je suis prêt à faire une entorse au règlement. Je fermerai les yeux sur votre consommation.

ROGER. – Goûtez-moi ça, c'est le bon Dieu en slip de velours !

CLAUDE. – Négatif… Je suis complètement torché…

ROGER. – Ne baissez pas les coudes, Claude. Nous trouverons !

CLAUDE. – Et nous verbaliserons ! Youpi ! (*Hoquet bref. Ricky s'approche discrètement des deux compères.*) Je suis Claude Hicquant, et je suis complètement torché pendant mes heures de travail !

ROGER. – Encore un verre, Claude ! Celui-là, c'est du 78 rouge !

Claude. – Versez, versez, il en restera toujours quelque chose ! Négatif.

Roger. – Nous avons fini les bouteilles que j'ai apportées, ce qui veut dire que… la bouteille toxique… est dans les profondeurs de la cave.

Claude. – Aha, yaha ! Nous la trouverons, Roger ! Partons débusquer le crime dans les souterrains !

Ils se dirigent vers la première cave en se tenant les mains et en sautillant, en exécutant une sorte de danse bachique et hilare, puis disparaissent. Ricky reste tapi dans l'ombre.

Scène 10

Martine sort de la seconde cave, suivie de Marie-Françoise.

Marie-Françoise. – Vous furetez ?

Martine. – Je furète !

Marie-Françoise. – Pourquoi furetez-vous ?

Martine. – Je furète si je veux !

Marie-Françoise. – Écoutez-moi…

Martine. – Je cherche ma fille et ma mère !

Marie-Françoise. – Et si vous goûtiez plutôt ce nectar ?

Elle tend un verre rempli à Martine.

Martine. – Non merci !

Marie-Françoise. – Il est pourtant excellent !

Martine. – Je n'aime pas ça !

Marie-Françoise. – Vous manquez quelque chose !

Martine. – Eh bien, tant pis !

Elle s'apprête à entrer dans la première cave. Marie-Françoise s'interpose.

Marie-Françoise. – S'il vous plaît, Martine…

Martine. – Quoi encore ?

Marie-Françoise. – Quand vous reverrez Claude Hicquant… surtout ne signez rien !

Martine. – Ah oui ? Et pourquoi ?

Marie-Françoise. – Cela peinera Annette.

Martine. – Qu'est-ce que ça peut me faire si Annette est peinée ?

Marie-Françoise. – Par pitié, Martine ! Buvez ! Regardez, moi je bois ! (*Elle boit une bouteille au goulot tandis que Martine entre dans la première cave.*) Attendez-moi, Martine ! (*Elle hoquette, puis tragique :*) Où êtes-vous, Annette ? Aidez-moi, je suis pompette !

Elle suit Martine dans la première cave.

Scène 11

Claude entre par la deuxième cave.

Claude. – Je me demande si ce tunnel entre la première et la deuxième cave est bien réglementaire…

Roger entre en rampant.

Roger, *ivre mort.* – Encore un verre, Claude ?

Claude. – Non merci, Roger. Je suis déjà complètement torché.

Louis, *apparaissant soudainement de la seconde cave, sa bouteille toujours contre lui et la caressant.* – Vraiment, Claude ? (*Il dépose délicatement sa bouteille fétiche loin de Claude.*) Attends-moi ici mon bijou, papa s'occupe du vilain monsieur.

Claude, *sursautant.* – Oui… Non… Je suis juste… légèrement éméché.

Roger. – Moi aussi je suis légèrement éméché.

Louis. – N'est-ce pas interdit par votre hiérarchie ?

Marie-Françoise et Mamy sortent de leurs caves respectives.

Claude. – Qu'est-ce qui est interdit par ma hiérarchie ?

Louis. – De boire pendant vos heures de travail !

Annette sort silencieusement de la seconde cave.

Claude. – En effet, c'est interdit.

Louis. – Ah, vous avouez ! Vous êtes fait comme un rat, Claude.

Claude. – Je suis fait comme un rat… Comme un rat… (*Reprenant ses esprits.*) Eh bien, non ! Vous vous trompez, Louis !

En vertu de la directive C-855 ajoutée aux règlements intérieurs des organismes d'État, il est stipulé qu'une preuve tangible est nécessaire à l'établissement de l'état d'ébriété d'un agent de la fonction publique ! Or vous n'avez pas de preuve ! (*Il éclate d'un grand rire sardonique.*) Vous ne pouvez rien contre moi ! (*Martine sort de la deuxième cave.*) Vous voici, Martine ! (*Il sort un papier.*) Tenez, signez ici et nous fermons ce lieu de… (*Roger rampe encore.*) Ce lieu de perdition !

ROGER. – Non, Martine ! Claude, je vous maudis !

CLAUDE. – Roger, je vois que vous ne vous êtes jamais amendé.

ROGER, *rampant vers lui, tendant un bras.* – Sans-cœur !

LOUIS. – Monstre !

ROGER. – Épave !

CLAUDE. – Assez ! Rappelez-vous qui je suis.

ROGER, *se retournant sur le dos, en étoile de mer.* – Une loque humaine !

SCÈNE 12

Tous en scène. Roger ronfle. Marion sort de la deuxième cave, elle bout.

MARION. – Tu es là, toi !

MARTINE. – Oui, je suis là, ma chérie. Je signe juste un petit papier et on s'en va.

MARION. – Je ne te parle pas !

MARTINE. – À qui parles-tu ?

MARION, *furieuse*. – À Ricky !

Elle se jette sur Ricky pour l'étrangler. Elle est retenue par la moitié de l'assemblée, Annette fait barrage.

ANNETTE. – Ne touchez pas à Ricky !

MARTINE. – Pourquoi en veux-tu à Ricky, ma chérie ?

MARION. – Il m'a fait du mal !

MARTINE. – Il t'a fait du mal ?

LOUIS. – Ricky vous a fait du mal ?

MAMY. – Ricky lui doit cent balles ?

MARION. – Il m'a pris…

MARTINE. – Qu'est-ce qu'il t'a pris ?

MARIE-FRANÇOISE. – Que vous a-t-il pris ?

ANNETTE. – Qu'est-ce qu'il lui a pris ?

CLAUDE. – Et à quel prix ?

MAMY. – Pas vu, pas pris !

MARTINE. – Oh, je t'en prie !

MARION. – Il m'a pris mon portable !

MARIE-FRANÇOISE. – Votre portable !

LOUIS. – Son portable !

ANNETTE. – Le portable !

Mamy. – De l'eau potable !

Martine. – C'est grave, Ricky, d'avoir volé le portable de ma fille !

Marie-Françoise. – Oui, c'est très grave, Ricky, d'avoir volé le portable de Martine.

Martine. – Non, c'est grave d'avoir volé le portable de Marion.

Marie-Françoise. – Ce n'est pas grave d'avoir volé le portable de Martine ?

Martine. – Martine c'est moi et je n'ai pas de portable !

Annette. – Alors qui a volé le portable de qui ?

Martine. – Ricky a volé le portable de Marion ! N'est-ce pas, Marion ?

Marion. – Oui.

Marie-Françoise. – Mais c'est malhonnête !

Martine. – C'est scandaleux !

Marion. – C'est dégueulasse !

Claude, *juridique*. – C'est délictueux.

Mamy. – Seulement après la partie de chasse à courre. (*Tout le monde la regarde, interloqué.*) Pardon, j'avais mal compris.

Louis. – J'avais bien fait de me méfier… Ricky, tu reconnais les faits ?

Ricky. – Quels faits ?

Louis. – Tu reconnais avoir volé le portable de Marion ?

Ricky. – Je l'ai emprunté, oui.

Louis. – Ça revient au même !

Ricky. – Pas tout à fait.

Louis, *s'énervant.* – Petit saligaud ! Je vais te montrer, moi, si ça ne revient pas tout à fait au même !

Il se précipite vers Ricky pour lui donner une baffe. Annette s'interpose.

Annette, *hurlant.* – Vade retro ananas !

Louis. – Annette, pousse-toi !

Annette. – Jamais ! Je ne te laisserai pas faire du mal à Ricky !

Louis. – Annette…

Annette, *tragique.* – Même si tu nous menaçais tous, même si je voyais cette cave réduite en cendres et des flots de sang se répandre partout, je n'hésiterais pas : je volerais au secours de Ricky ! Je défendrais sa vie aux dépens de mes jours !

Louis. – Annette, tu me fais mal à la tête…

Martine. – Arrêtez votre cinéma, Annette ! Ricky a bien mérité sa torgnole !

Elle se précipite vers Ricky pour lui donner une torgnole, Annette s'interpose encore.

Annette, *en furie.* – Ah, je vous reconnais, ma vieille ennemie !

Annette et Martine commencent à se battre.

Martine. – Annette, lâchez-moi !

Annette. – Que je pactise ? Jamais ! (*Elles se battent, l'assemblée essaie en vain de les séparer. Annette est hystérique.*)

Je sais bien qu'à la fin vous m'achèverez ! Je m'en fous ! Je me bats, je me bats, je me bats ! (*Marie-Françoise parvient à séparer Annette et Martine.*) Vous aussi, Marie-Françoise ? (*Elle s'arrête net.*) Alors tombe, Annette. (*Elle s'écroule.*)

MARTINE, *s'époussetant.* – Elle n'est pas nette, cette Annette.

LOUIS. – Pour être honnête, Annette n'a jamais été nette.

CLAUDE, *après un temps.* – Bien, bien, bien. Je vois que le désordre règne ici. Mon rapport auprès de la direction d'Hygiène et Sécurité sera carabiné.

MARION. – Ce n'est pas vous la direction d'Hygiène et Sécurité ?

CLAUDE. – Non, mademoiselle, ce n'est pas moi, la direction ! Il y a un ordre à Hygiène et Sécurité ! Il y a un organigramme ! Il y a des directeurs, des sous-directeurs, des chefs de commissions, des responsables de secteurs, des superviseurs, des secrétaires et des sous-secrétaires, comme dans tout organisme d'État qui se respecte ! Et même si j'étais la direction, je devrais faire un rapport détaillé en quatre exemplaires dont un pour archive ! Et vous savez pourquoi, mademoiselle ? PARCE QUE C'EST LA PROCÉDURE ! Et que la procédure obéit à des règles strictes édictées par les instances bureaucratiques les plus respectables ! Grâce à elles, nous autres fonctionnaires scrupuleux pouvons faire appliquer les normes nécessaires au bien-être général !

RICKY. – Fonctionnaire scrupuleux, fonctionnaire scrupuleux… Vous étiez quand même bien torché tout à l'heure…

CLAUDE. – Personne ne peut prouver que j'étais torché ! (*On entend la voix de Claude : « Je suis complètement torché. »*) Qu'est-ce que c'est que ça ?

*De nouveau, la voix de Claude, et le rire gras et pétillant de
Roger, plus lointain :*
« *Je suis Claude Hicquant, et je suis complètement torché
pendant mes heures de travail.*
– Encore un verre, Claude ! Celui-là c'est du 78 rouge.
– Versez, versez, il en restera toujours quelque chose ! »

RICKY. – Vous voyez qu'il y a une preuve.

CLAUDE, *paniquant*. – Comment ça, une preuve ? Qu'avez-vous
fait ?

RICKY. – Je vous ai enregistré, Claude.

CLAUDE. – Mais comment ?

RICKY, *montrant le téléphone de Marion*. – Grâce à ceci.

TOUS. – Le téléphone de Marion !

RICKY. – Claude, si vous faites fermer cette cave, nous
apportons cet enregistrement à la direction d'Hygiène et Sécurité.

MARIE-FRANÇOISE. – Qu'il est brillant ce garçon !

LOUIS. – Ça, je dois dire qu'il m'épate !

MARTINE. – Moi, je trouve ça fourbe !

CLAUDE. – Exactement ! Madame a trouvé le mot juste ! C'est
fourbe ! C'est une entrave sournoise à la bonne marche de
l'administration. Si tout le monde faisait comme vous, il n'y aurait
plus ni normes, ni règlements !

MARION. – Et ce ne serait pas plus mal !

CLAUDE. – Pardon, jeune fille ?

MARTINE. – Marion, enfin…

MARION. – Laisse-moi, maman ! (*À Claude :*) Ricky a eu raison de vous enregistrer, même s'il a pris mon portable ! Vous ne parlez que de normes, d'administration, de procédures et de je ne sais pas quoi encore ! Mais arrêtez de nous emmerder ! On en a marre que des gens comme vous viennent nous dire comment on doit vivre ! Alors retournez voir votre organisme d'État, votre Commission européenne et tout ça, et faites en sorte de défendre la douceur de vivre, ou mêlez-vous de ce qui vous regarde, mais laissez ceux qui ont envie de boire un coup boire un coup ! Et revenez quand vous aimerez le vin de la vie !

> *Silence. Louis commence à applaudir, suivi par Marie-Françoise, Ricky et Mamy.*

LOUIS. – Qu'avez-vous à répondre à ça, Claude ?

CLAUDE, *dans un état second*. – Je ne sais pas… Je ne sais plus…

LOUIS. – Vous êtes perdu !

MAMY. – Faites comme l'oiseau !

MARTINE. – Mais Claude, le papier que je devais signer…

CLAUDE, *s'énervant*.   J'en ai marre de cette foutue paperasse ! Tenez, voilà ce que j'en fais de ce formulaire pourri !

> *Il déchire le papier que devait signer Martine et va s'isoler dans un coin.*

MARTINE. – Alors la cave ne fermera pas ?

MARIE-FRANÇOISE, *enjouée*. – Cela semble compromis.

MARTINE. – Je suis déçue.

MARIE-FRANÇOISE. – Mais non, Martine, ne le soyez pas. Tenez, buvez un verre, cela passera.

MARTINE. – Je vous ai dit vingt fois que je n'aimais pas ça !

RICKY. – Attendez, j'ai une idée !

Il prend deux bouteilles et mélange savamment dans un verre le vin qui en sort.

LOUIS. – Mais il est fou !

MARION. – Mais qu'est-ce qu'il fait ?

MAMY. – C'est dingo !

MARIE-FRANÇOISE. – Quelle mouche vous pique, Ricky ?

RICKY, *faisant tourner le verre dans sa main.* – Je crois qu'il est bon. Tiens, Marion, goûte.

MARION, *goûtant le vin après une hésitation.* – C'est vrai qu'il est très bon.

Elle passe le verre à Mamy qui le goûte.

MAMY. – C'est du très bon vin !

Elle passe le verre à Marie-Françoise qui le goûte.

MARIE-FRANÇOISE. – Il est excellent !

Elle passe le verre à Louis qui le goûte avec circonspection.

LOUIS. – C'est incroyable !

RICKY. – Goûtez-le, Martine, je suis sûr qu'il va vous plaire.

MARTINE. – Je ne pense pas…

MARION. – S'il te plaît !

LOUIS. – S'il vous plaît Martine…

MARTINE. – Bon… (*Elle goûte du bout des lèvres.*) C'est vrai que c'est délicieux.

LOUIS. – Venez, Claude ! Goûtez donc ce vin !

Claude sort de sa bouderie et goûte le vin.

CLAUDE. – Il est formidable. Je passe un bon moment.

LOUIS. – Eh ben, Ricky, après tout ça je pense que je n'ai pas le choix… J'avais besoin d'engager du personnel… Ce sera toi !

RICKY. – Je suis engagé ?

LOUIS. – Tu es engagé !

Liesse générale.

ROGER, *se réveillant.* – Qui est engagé ?

MARION. – Ricky ! Il a été merveilleux, papa ! Il a réussi à faire boire maman !

ROGER. – C'est vrai ça, Martine ?

MARTINE. – C'est vrai, Roger.

ROGER. – On pourrait prendre quelques caisses de vin, du coup !

MARTINE. – Oui, pour les occasions spéciales. Noël, anniversaires… (*Elle hume à nouveau le vin de Ricky.*) Mais dites-moi, Ricky, que pourrait-on bien manger en buvant ce vin ?

RICKY. – Je dirais… (*Il sent le vin.*) Des courgettes.

ANNETTE, *se réveille en sursaut.* – Des courgettes ? Où ça des courgettes ?

LOUIS. – Ricky dit que son vin se marierait très bien avec tes courgettes, Annette !

ANNETTE. – Avec mes courgettes ?

RICKY. – Avec vos courgettes.

ANNETTE. – Alors ça c'est très chouette !

CLAUDE. – Tout de même… Je suis navré que votre escalier ne soit pas aux normes handicapés et malvoyants.

LOUIS. – Je voudrais bien vous faire plaisir, Claude, mais je n'ai pas l'argent nécessaire pour le rénover.

MARIE-FRANÇOISE, *sortant son chéquier*. – Qu'à cela ne tienne, Louis ! Votre cave m'amuse énormément, je paierai la mise aux normes handicapés et malvoyants de l'escalier ! (*Nouvelle liesse.*) Et puis cela donnera moult occasions de revenir avec mon mari qui est absent car…

LOUIS. – Dans mes bras !

Annette, toujours au sol, ouvre aussi grand ses bras pour accueillir Louis, qui se précipite jusqu'à sa bouteille chérie et l'enlace tendrement.

ANNETTE, *se relevant*. – Ne bougez pas, je vais chercher mon gratin !

Elle sort.

MARION. – Ricky… C'est vraiment génial ce que tu as fait… Mélanger les deux vins comme ça… C'est complètement rebelle ! Je… Vraiment… On fera un super couple.

RICKY. – Alors si c'est comme ça, Marion, marions-nous !

MARION. – Qu'on se marie, Ricky ?

RICKY. – Qu'on se marie, Marion.

ROGER. – Vous marier ? Vous êtes marrants !

LOUIS. – Ça vous fait marrer de marier Marion ?

RICKY. – Sans vouloir vous déranger, Roger, je vous demande la main de votre fille.

MARTINE. – Qu'est-ce qu'il veut ?

MARION. – Il veut ma main, maman.

ROGER. – Marier Marion… (*Il réfléchit.*) C'est d'accord ! Marions Marion !

MARTINE. – Ça va un peu vite, non ?

ROGER. – Réfléchis un peu, Martine ! Si Ricky travaille dans cette cave et qu'on marie Marion, on aura du pinard à l'œil toute l'année !

Soudain, Annette déboule à toute vitesse avec son gratin de courgettes.

ANNETTE. – Chaud devant !

Claude esquive Annette, qui tombe.

CLAUDE. – Cette fois, j'avais prévu le coup.

Marie-Françoise aide Annette à se relever.

MARTINE. – Tenez, Annette, pour vous remettre de ces émotions…

Elle lui tend un verre de vin.

ANNETTE. – Merci. (*Elle boit.*) C'est vrai que ce petit vin rouge aurait été très bien avec mes courgettes.

LOUIS. – Ne t'inquiète pas, Annette, il y aura d'autres courgettes.

MARTINE. – Et d'autres petits vins rouges.

Marie-Françoise. – Et d'autres petits vins blancs.

Roger. – Qu'on boit sous les tonnelles !

Ricky, *enlaçant Marion*. – Quand les filles sont belles !

Mamy. – Du côté de Nogent !

Martine. – Et puis de temps en temps…

Marie-Françoise, *émue devant le spectacle de Marion et Ricky s'embrassant*. – Un vieil air de romance !

Louis. – Pour donner la cadence !

Claude, *libéré*. – Pour fauter…

Marion. – Dans les bois !

Annette. – Dans les prés !

Mamy. – Du côté de Nogent !

Tous. – À la bonne vôtre !

RIDEAU

AVIS IMPORTANT

Cette pièce de théâtre fait partie du répertoire de la Société des Auteurs et Compositeurs Dramatiques, 11 bis rue Ballu 75442 PARIS Cedex 09. Tél. : 01 40 23 44 44. Elle ne peut donc être jouée sans l'autorisation de cette société.

Nous conseillons d'en faire la demande avant de commencer les répétitions.

ATTENTION

Aux termes du Code de la propriété intellectuelle, toute reproduction ou représentation, intégrale ou partielle de la présente publication, faite par quelque procédé que ce soit (reprographie, microfilmage, scannérisation, numérisation...) sans le consentement de l'éditeur est illicite (article L. 122-4 du Code de la propriété intellectuelle) et constitue une contrefaçon sanctionnée par les articles L. 335-2 et suivants du même Code.

1re édition, dépôt légal : mars 2017
N° d'édition : 201707
ISBN : 978-2-37393-236-2